DAS ETF INVESTMENT

DAS ETF INVESMTENT

DAS ETF INVESTMENT

- Für Einsteiger & Fortgeschrittene -

WIE SIE ERFOLGREICH INVESTIEREN & DER FINANZIELLEN FREIHEIT DRASTISCH NÄHERKOMMEN DURCH DAS ANLEGEN IN AKTIEN-ETFS & ANDERE FONDS!

FINANCIAL KNOWLEDGE

PATRICK STRASSER

DAS ETF INVESTMENT

Über die Autoren

Patrick Strasser, geboren in einer Kleinstadt in Österreich, vollbrachte sein naturwissenschaftliches Studium an der TU München und der amerikanischen Elite Universität Harvard. Während dieser Zeit begann er, sich intensiv mit dem Thema Aktien, Börse und Investments sowie finanzieller Unabhängigkeit auseinanderzusetzen.
In den folgenden Jahren beschäftigte er sich ausgiebig mit dem Gebiet der Finanzen und sammelte wertvolle Erfahrung im Bereich des passiven und aktiven Investierens. Über Jahre hinweg investierte er in diverse Assets und erzielte damit beträchtliche Erträge.
Doch wie allgemein bekannt, zahlt ein jeder sein Lehrgeld. Um Ihnen dies zu ersparen und das Wissen weiterzugeben, verfasste er dieses Buch in Zusammenarbeit mit einer Expertin im Bereich des Investierens, Sabine Kaiser-Hohenstein. Diese zeichnet sich durch Ihre jahrelange Erfahrung an deutschen Großbanken und der Börse aus.
Zusammengefasst wollen Sie dem Anlage-Beginner nahelegen, wie man die finanzielle Zukunft selbst in die Hand nimmt und endlich beginnt sich aus dem Hamsterrad zu befreien.

Sabine Kaiser-Hohenstein, geboren im Jahr 1953 in Stuttgart, hat seit jeher einen engen Bezug zur Finanzwelt.
Ihr Vater war Börsenexperte in Frankfurt am Main und Ihre Mutter erfolgreiche Bankerin. Im Alter von 9 Jahre zog Sie mit Ihrer Familie in die USA, um den Aufstieg Ihres Vaters in der Finanzwelt zu ermöglichen. Sie lebte knapp 10 Jahre in New York und hatte tagtäglich mit der Börse zu tun. Von klein an verstand Sie mit Geld umzugehen und wie die Finanzwelt funktioniert.
Nachdem Sie mit 19 Jahren Ihr Abitur an der Deutschen Schule abschloss, entschied Sie zurück nach Deutschland zu kommen, um die amerikanische Offenheit gegenüber der Börse auch hierzulande zu stärken. Sie wollte, dass jeder, auch Sie, am Wirtschaftswachstum teilhaben können und absolvierte aufgrund dessen eine Ausbildung zur Bankkauffrau bei der Sparkasse in Stuttgart.
Da Aktien und Börse Ihr im Blut lagen und Sie auch privat erfolgreich an der Börse tätig war, wurde Sie Privatkundenberaterin. Dort zeichnete Sie sich durch Ihre Kompetenz und Ihre Qualitäten im Bereich der Privatanlage am Finanzmarkt aus. Ihr Ruf eilte Ihr vorraus, sodass Sie ein Angebot der Börse Frankfurt bekam. Von 1996 an war Sie dort als Expertin im Bereich des Investmentbankings, der Wertpapieranlage und der Aktienanalyse tätig. Aufgrund Ihrer Expertise entschloss Sie, als Vermögensberaterin tätig zu

werden und den Bürgern dabei zu helfen Unabhängig und finanziell frei zu werden.
Wie bereits in Ihrer Vergangenheit, gehört die Anlage an den Finanzmärkten zu Ihren Spitzenqualitäten, doch auch im Thema Rohstoffe und Immobilien-Investition gehört Sie zu den Top-Leuten Deutschlands.
Neben der Vermögensberatung schreibt Sie seit Kurzem auch Bücher, um der Mehrheit der Bevölkerung dabei zu helfen, endlich aus dem Hamsterrad der Arbeit zu entkommen und Ihre finanzielle Zukunft selbst in die Hand zu nehmen.
Zusammen mit Patrick Strasser, einem jungen Investor, verfasst Sie Bücher im Bereich des privaten Vermögensaufbaus und hofft, Ihnen so das Bestmögliche zu bieten.

INHALT

VORWORT

Möchten Sie Ihre Altersvorsorge selbst in die Hand nehmen oder sich mit dem Vermögensaufbau beschäftigen? Finanzielle Unabhängigkeit ist den meisten Menschen wichtiger denn je – und das ist auch richtig so. Dieses Buch dient als Grundlage, wenn es um eine bedeutende Frage geht: Wie lege ich mein Geld richtig an? ETFs ermöglichen Ihnen den Einstieg an die Börse und das in nur wenigen Schritten. Es ist perfekt geeignet für Anlage-Neulinge ebenso wie Aktien-Einsteiger.

Doch vorab: In der Anlageform des ETF besteht natürlich auch ein Risiko. Nicht nur in turbulenten Zeiten unterliegen ETF einer gewissen Schwankung. Von Anfang an sollte sich der Börsianer bewusst sein, dass eine lukrative Geldanlage mit einem gewissen Risiko verbunden ist, denn Risiko und Rendite (Ertrag, den die Anlage bringt) sind zwei unzertrennbare Dinge. Aus diesem Grund möchte ich gerne darauf hinweisen, dass es sich bei diesem Buch lediglich um Vorschläge und Erfahrungen handelt und keine expliziten Kaufvorschläge gemacht werden.

EINLEITUNG

Schon seit vielen Jahren leben wir in einer Welt der niedrigen Zinsen. Vermutlich überlegen auch Sie, ob Sie in Aktien, Rohstoffe oder Immobilien investieren wollen. Doch vielleicht warten Sie auch auf steigende Zinsen, damit die herkömmliche Geldanlage wieder lukrativer wird?

Nicht nur in Wirtschaftskrisen, sondern auch bei gut laufender Konjunktur bauen immer mehr Anleger und Anlegerinnen auf Sachwertanlagen. Doch welche Sachwertanlage ist die richtige? Worin besteht überhaupt der Unterschied zwischen Rohstoffen, Aktien oder Währungen und gibt es auf alle dieser Anlageklassen einen ETF? Fragen über Fragen ...

Die Geldanlage bedeutet in der heutigen Zeit eine große Herausforderung. Auch die Unsicherheit der Rentenpolitik lässt bei vielen Anlegern und Anlegerinnen die Frage aufkommen, ob fürs Alter richtig vorgesorgt ist. So mancher Investor/in traut kaum mehr dem Euro und flieht in Kapitalmärkte anderer Währungen, wie dem

US-Dollar $ oder gar in Kryptowährungen. Ob das wirklich die Lösung ist steht in den Sternen. Auch die Immobilie wird in Zeiten der Talfahrt an der Börse mehr denn je geschätzt, doch nicht jeder kann oder will sich eine Immobilie leisten. Kommt es hier zur nächsten Blase, fragen sich viele.

Dieser Ratgeber beantwortet Ihnen dutzende Fragen rund um die moderne Geldanlage. Sie können sich in dieser objektiv geschriebenen Lektüre gerne selbst Ihre, auf Fakten basierende, Wahrheit bilden. Dieses Buch will Ihnen nichts verkaufen, sondern Sie informieren und Ihnen auf dem Weg zu Ihrer finanziellen Unabhängigkeit helfen. Dabei wird kein Fachchinesisch verwendet, sondern auf Verständlichkeit gesetzt.

Die Börse steigt und fällt. Viele Achterbahnfahrten haben sich in der Vergangenheit im Index-Stand von DAX, S&P 500, Nikkei und Co widergespiegelt. War das alles übertrieben oder fundiert?

Krisen finden wir immer wieder in der Geschichte, auch wenn es um die Depotanlage geht. Egal, ob die Weltwirtschaftskrise, die Dotcom Blase oder der Crash der Finanzmärkte, der 2008 eingeleitet wurde: Alle Krisen bringen Ihre Schattenseiten mit sich.

Auch die Krise im Jahre 2020 hatte seine Folgen, doch nicht vergessen: Krisen machen stark und schlaue

Börsianer nutzen diese. Wer richtig investiert, kann sich mithilfe von ETFs clever in die Märkte einkaufen.

Doch auch die Inflationsangst in Europa stieg in den letzten Jahren stetig. Schon vor vielen Jahren wurde diese von Banken genutzt, um Anleger und Anlegerinnen in Aktienfonds und Co zu treiben. Aber die Frage, die Sie sich nun stellen: Kann man auch mit ETFs der Inflation (Geldentwertung) entfliehen? Die Antwort werden Sie hier finden!

Die finanzielle Unabhängigkeit ist vielen Menschen wichtig und das aus gutem Grund. In der heutigen Zeit kann man sich kaum auf einen langjährigen Arbeitsplatz oder eine dauerhaft funktionierende Wirtschaftspolitik verlassen. Deshalb gilt es umso mehr selbst vorzusorgen. Bedenken Sie: Die Investition in Unternehmen kann sich lohnen! Konzentrieren Sie sich auf Ihre finanzielle Unabhängigkeit und legen Sie Ihr Vermögen gut gestreut an. ETFs bieten dazu eine gute und wichtige Grundlage.

Die Anlageklassen werden Ihnen hier umfassend erklärt. Außerdem dürfen Sie selbst ein objektives Urteil darüber fällen, ob Sie monatlich sparen wollen und auf welche Märkte Sie bauen.

Geldanlage ist keine Zufallssache!

Deshalb: Herzlich willkommen in diesem Buch, das Sie rund um die clever angelegte Vermögensoptimierung informiert.

Vorab soll noch gesagt sein, dass Banken eine essenzielle Rolle in der heutigen Gesellschaft spielen. Eine Welt wie heutzutage wäre ohne sie nicht vorstellbar.

1. DER ETF

Ein ETF ist ein sogenannter Exchange Traded Fund. Es handelt sich dabei um einen börsengehandelten Fonds, nicht zu verwechseln mit dem Investmentfonds, welcher nicht bei allen Geld-Anlegern und Anlegerinnen gern gesehen ist. Viele Investmentgesellschaften versuchen über Banken und Sparkassen ihre Fonds am Markt flächendeckend zu platzieren, um so ihren Profit daraus zu ziehen, doch anders sind ETFs.

DER AKTIV GEMANAGTE INVESTMENTFONDS

Der ETF bringt gegenüber dem Fonds einer Investmentgesellschaft große Vorteile. Er wird nicht über die emittierende (ausgebende) Investmentgesellschaft, sondern direkt über die Börse erworben, gehandelt und wieder veräußert. Es ist keine aktive Auswahl und ebenso wenig eine Entscheidung über den Inhalt nötig. Allein an dieser Tatsache erkennen Sie: Sie sparen sich

Zwischenschritte, die Fondsmanager durch die Gebühren der Kunden hereinbekommen müssen.

Es geht an dieser Stelle nicht darum, Investmentgesellschaften schlechtzureden. Dennoch sind hier alle direkten und indirekten Gebühren oft das, was die Nettorendite (Ihr Gewinn) für den Investor/in schmälert. Doch ist das wirklich nötig?

Während beim Investmentfonds ein Fondsmanager die Auswahl der Wertpapiere übernimmt und Sie ihn bezahlen müssen, investieren Sie bei einem ETF meist in einen Warenkorb vieler Werte. Sie können sich zum Beispiel über einen Index (Korb aus unterschiedlichen Einzelwerten) wie DAX, S&P 500 oder Nikkei in unterschiedliche Märkte einkaufen. Die Entwicklung des ETFs bezieht sich dann rein auf diesen hinterlegten Warenkorb. Sie wissen somit in diesem Beispiel: Steigt

der DAX, der die wichtigsten Standardwerte Deutschlands repräsentiert, steigt im genau gleichen Verhältnis auch Ihr ETF.

Des Weiteren ist Fakt, dass viele Investmentfonds den Markt nicht über längere Zeit hinweg übertrumpfen können, weshalb eine alternative Anlage eine Überlegung wert ist.

WAS IST EIN INDEX?

Ein Index wie DAX, Dow Jones oder Nikkei stellt eine Zusammensetzung von Aktien dar. In diesem Index sind nur auserwählte Unternehmen (meist die Größten) der jeweiligen Region oder der Branche beinhaltet. Auf jeder guten Börsenplattform finden Sie die genaue Zusammensetzung dieser Indizes, also die Aufteilung der enthaltenen Unternehmen.

WAS IST EINE AKTIE?

Wenn es um die Depotanlage geht, kommt man um das Wort Aktien nicht herum. Aktien stellen dabei ganz einfache Unternehmensbeteiligungen dar. Ein sehr vereinfacht dargestelltes Beispiel:

Sie kaufen sich 10 Siemens-Aktien. Diese legen sie in ein Depot. Dadurch sind Sie zu einem sehr geringen Anteil an dem Unternehmen Siemens beteiligt. Das heißt, Sie sind am Gewinn des Unternehmens beteiligt und dürfen als Aktionär einmal pro Jahr die Hauptversammlung besuchen. Da viele etablierte Unternehmen einst auf die Finanzierung durch Anleger/innen angewiesen waren, wird dem Aktionär meist einen Tag nach der Hauptversammlung eine Dividende ausgeschüttet. Diese setzt sich aus dem anteiligen Gewinn pro Aktie zusammen und wird meist an die Aktienhalter ausgeschüttet. Allerdings ist es ungewiss, wie das Geschäftsjahr der Firma Siemens verläuft. So werden in manchen Jahren gute Dividenden bezahlt, während der Aktionär bei schlechten Jahren leer ausgeht.

Ähnlich ist es bei Kursbewegungen. Aktien steigen und fallen. Diesen Kursverlauf können Sie an jedem Chart (Kurs-Zeit-Diagramm; auf vielen Plattformen wie etwa Finanzen.net oder onvista.de zu finden) ganz einfach verfolgen. Der Kurs spiegelt den Marktwert des Unternehmens wider. Die meisten Aktionäre erhoffen sich eine positive Kursentwicklung und investieren langfristig in ein Unternehmen, weil sie an dessen Erfolg glauben. Sie können durch die Investition in Aktien inflationäre Risiken minimieren und eine Rendite in Form von Kursbewegung oder Dividenden erhalten. Dadurch erwirtschaften sie deutlich mehr Zinsen, als am Geldmarkt derzeit erzielbar.

Vermutlich sagen Sie sich jetzt: „Aber ich kenne mich mit Aktien nicht so gut aus!“, „Ich habe nicht die Zeit mich zu informieren.“, oder „Ich weiß ja nicht, ob ich den Totalverlust tragen möchte, wenn ein Unternehmen bankrott geht!“

Genau darin liegt die Gefahr bei Einzel-Aktien. Eine gut performende Aktie zu finden erfordert eine ausführliche Analyse der Zahlen und Fakten und ist somit sehr zeitintensiv. Des Weiteren sind Sie am Unternehmensrisiko beteiligt und müssen im Extremfall den Totalverlust mittragen. Deshalb möchten viele Investoren/innen nicht nur in eine einzelne Aktie investieren, sondern ihre Anlage streuen. Einen großen Korb an Unternehmen können Sie zum Beispiel über einen Index-ETF kaufen.

Ein Beispiel:
Im Index DAX kaufen Sie winzige Anteile der 30 größten Unternehmen Deutschlands. Somit erwerben Sie Anteile von Daimler, VW, der Deutschen Telekom, E.ON, der Deutschen Bank (und vielen mehr) mit nur einem einzigen ETF-Anteil.

Doch vielleicht sagen Sie sich jetzt: „Ich habe mit Aktien doch eigentlich nichts zu tun?“

Stellen Sie sich folgende Situation vor:
Am Morgen weckt Sie Ihr Smartphone der Firma Apple. Danach rasieren Sie sich mit dem Braun-Rasierer und trinken einen Espresso, den Ihnen die Jura-Kaffeemaschine zubereitet. Sie steigen im Anschluss in den BMW, der Sie zur Arbeit bringt. Danach schalten Sie Ihren Dell-Desktop ein und öffnen sich eine Flasche Valensina-Orangensaft. Schnell bestellen Sie bei Amazon noch ein Geburtstagsgeschenk für Ihre Freundin und eilen in der Mittagspause zu McDonalds um sich mit einer Coca-Cola und einem Burger zu stärken...

Dieser gewöhnliche Arbeitstag setzt sich so fort. Überlegen Sie: Mit wie vielen renommierten Firmen haben Sie im Laufe eines Tages zu tun? Und welche Gewinne müssen diese wohl erwirtschaften? Möchten Sie nicht auch von diesen Gewinnen profitieren und einmal die Seite des Tresens wechseln? Nicht nur der sein, der bezahlt, sondern wissen „Die Dividende ist mein“? Sie müssen Preissteigerungen bei Waren und Dienstleistungen nicht nur mehr hinnehmen, sondern können dadurch auch Ihr Vermögen mehren. Dann seien Sie doch clever und einer der wenigen in Deutschland oder Österreich, der tatsächlich in den Aktienmarkt investiert! Doch es gilt stets:

Legen Sie nicht alle Eier in einen Korb.

Wenn durch eine Streuung verschiedener Werte das Risiko minimiert wird, spricht man von der Diversifikation. Ganz klar gilt: Legen Sie alle Eier in einen einzelnen Korb und dieser fällt zu Boden, wird das ganze schmerzlich sein. Deshalb lohnt es sich, in mehrere Körbe zu investieren. So ist es auch beim „Korb an Aktien“, den Sie kostengünstig in Form eines ETFs erwerben können. Sie kaufen sich zum Beispiel mit dem MSCI World einem großen Weltindex, in dem mehr als 1600 Unternehmen enthalten sind. Je mehr Werte (Unternehmen) in einem Index hinterlegt sind, desto gestreuter investieren Sie.

All diese Anliegen erfüllt auch eine Investmentgesellschaft. Doch der Fondsmanager und alle Gebühren kommen mit ca. 1-2 % teuer zu stehen. Bei ETFs kaufen Sie sich in die Märkte ein und bezahlen im Gegensatz nur zwischen 0,1 und 0,5 % Gebühren. Sie sehen also: ETFs liegen voll und ganz im Trend der Zeit einer Nullzinspolitik.

Der Vollständigkeit halber sei erwähnt, dass ein Handel nur dann zustande kommt, wenn Angebot und Nachfrage zusammentreffen. Aktien beispielsweise können Sie nur dann kaufen oder verkaufen, wenn ein unmittelbarer Gegenspieler am Markt agiert. Jedoch kann ich Sie beruhigen, denn dies ist meist der Fall, was jedoch schwankt, ist der Kurs der Aktie.

PASSIVES INVESTIEREN

Es wird von passivem Investieren oder Anlegen gesprochen, wenn Sie einen ETF für viele Jahre ins Depot legen und ihn stetig besparen. Hier soll die Anlage in Ruhe für Sie arbeiten. Das sorgt für einen soliden Vermögensaufbau mit Zukunft.

Passives Investieren bedeutet, nicht jeden Tag den Kurs zu verfolgen. Ohnehin empfiehlt sich, zu Beginn eine überschaubare Summe in einen ETF anzulegen. Diesen sollte man nicht täglich verfolgen, auch wenn man anfangs dazu verleitet ist. Gerade in Krisenzeiten fallen die Börsen weltweit oft in rasantem Tempo, während sie im Anschluss wieder moderat ansteigen. Der Unterschied vom Investor/in zum Spekulanten/in besteht darin, dass er Zeit hat, das Geld für sich arbeiten zu lassen und durch den langen Anlagehorizont keine Angst vor den Kursverlusten haben muss.

DIE VORTEILE VON ETFS

Sie liegen auf der Hand. Ich stelle Ihnen die Wichtigsten wie folgt vor:

- Sie partizipieren (teilnehmen) an den Erfolgen großer und kleiner Unternehmen.
- Es ist möglich, auf fremde Währungen oder auch Rohstoffe wie Gold und Silber zu setzen.
- Ein ETF kann schon mit sehr kleinen Summen bespart werden. Sie können zum Beispiel schon ab 25 Euro pro Monat in einen Korb vieler Aktienwerte investieren.
- Es ist möglich, sich an der Entwicklung von Branchen oder Indizes zu beteiligen.
- Die ETF-Märkte sind flexibel und die Herausgeber bieten den Anlegern ständig neue Möglichkeiten.
- Die Anleger/in können niedrige Zinsen umgehen.
- Die Dividendenzahlung verhilft Ihnen zum Vermögensaufbau.
- Im Gegensatz zur Direkt-Anlage in Aktien oder herkömmlichen Investmentfonds, sparen Sie bei ETFs hohe Gebühren.
- Sie können ETFs einfach kaufen und sind nicht auf die Beratung einer Bank angewiesen.
- Jeder Investor/in kann ETFs einfach verkaufen oder so lange liegenlassen, bis das Geld benötigt wird.

DIE NACHTEILE VON ETFS:

- Es kann immer zu Schwankungen kommen. Wenn weltweit die Wirtschaft einbricht, können sich ETFs kaum dieser Massenbewegung entziehen.
- Ein Depot sowie jeder Umsatz kosten unter Umständen Gebühren. Deshalb lohnt sich jeder Online-Vergleich rund ums Wertpapiergeschäft. Vergleich macht reich!
- Als Mischung zum gesamten Geldvermögen stellen ETFs ein wertvolles Fundament dar. Wer jedoch All-In geht, geht unter Umständen baden.
- SWAP-ETFs und ähnliche Anlagen erscheinen auf den ersten Blick kompliziert. Deshalb gilt die Regel: Bitte kaufen Sie nur das, was Sie verstehen!
- Es kostet etwas Zeit, sich in die Märkte einzulesen. Doch dieser Zeitaufwand lohnt sich langfristig gesehen.
- Nicht immer ist die Anlage mit ETFs vom Erfolg gekrönt. Beachten Sie deshalb, dass Kursverlust nicht unbedingt realisiert (von der Zahl am Bildschirm, zu den Euros auf Ihrem Konto) werden müssen, sondern der ETF einfach weiter im Depot liegen bleiben kann.
- Geduld und starke Nerven hat nicht jeder. Vor allem ein falsches Anlegerverhalten lässt viele Menschen äußern: „Ich lasse die Finger von Aktien!“. Meist werden Anleger und Anlegerinnen durch solche Aussagen manipuliert. Wenn die Masse eine

Meinung äußert, regt das oft zum falschen Handeln an. Deshalb sollten Sie lernen, antizyklisch (entgegen des Marktes) zu agieren und kühlen Kopf zu bewahren.

AUF DEN PUNKT GEBRACHT

Obwohl viele Menschen denken, Geld ist nicht das Wichtigste im Leben, steht eines fest: Ohne Geld wohl kaum ein erfolgreiches Leben. Wir Menschen möchten alle Geld verdienen und es nach besten Möglichkeiten vermehren. Schließlich muss der durchschnittliche Arbeitnehmer oder Selbstständige sehr hart für seine Euros arbeiten. Doch wie gelingt es denn in der heutigen Zeit überhaupt noch, Geld zu vermehren? Momentan leben wir mit einer moderaten Inflation von 2 %. Dieser Satz liegt deutlich höher als der Zinssatz von Geldmarkt und Co. Somit vernichten Sie Ihr Vermögen, wenn Sie es auf das Tagesgeldkonto oder Sparkonto anlegen.

Ein Beispiel:

Anlagebetrag	10.000 Euro
+Zinssatz 0,1 %	1 Euro
- Inflation 2 %	200 Euro
Anlageerfolg nach 1 Jahr	9.801 Euro

INFLATION UND SACHWERTE

Viele Banken predigen seit Jahren in Form einer Gebetsmühle: Sachwerte, Sachwerte, Sachwerte! Schließlich soll man mit Sachwerten einen wichtigen Zweck erfüllen:

„Wo Geld vorangeht, sind alle Wege offen."

- Zitat von Shakespeare (1564-1616) -

Sachwerte trotzen auch der Inflation. Viele Bürger haben Angst davor, dass Waren in der Zukunft immer teurer werden. Die Inflationsrate von derzeit ca. 2 % entspricht auch nicht immer der Realität, wenn es um Konzert- oder Kinokarten geht. Denken Sie einmal daran, ob der Preis der Tageszeitung sich wirklich „nur" um 2 % pro Jahr erhöht hat. Bei bestimmten Artikeln ist die Inflationsrate deutlich höher als 2 %. Die „gefühlte Inflation" liegt deutlich höher. Das liegt daran, dass vor allem technische Geräte billiger werden als Mieten oder Energiekosten. Doch wer von uns kauft sich jedes Jahr einen neuen Kühlschrank?

Wer ein Depot unterhält, besitzt Vermögen in Form von Sachwerten wie Aktien oder Rohstoffen. Aber auch mit ETFs können Sie kostengünstig an diesen Märkten partizipieren und so der Inflation entgegenwirken und zusätzliche Rendite erzielen. Schritt für Schritt finden Sie

Ihre richtige Strategie heraus, wenn Sie mit dieser Anleitung die richtigen Werte zum Depotaufbau nutzen!

2. DAS RICHTIGE MINDSET

Als Kunst des Vermögensaufbaus gilt es, das zu Ihnen passende Mindset (die richtige Denkweise) aufzubauen. Einen soliden Vermögenszuwachs wird der Anleger/in dann erreichen, wenn er monatlich eine bestimmte Summe anspart.

Im Grundsatz wird in unserer Gesellschaft suggeriert: „Kaufen Sie Auto, Möbel und Co einfach auf Kredit!“, oder „Finanzieren ist billiger denn je!“. Hat dies jedoch mit dem richtigen Vermögensaufbau zu tun? Nicht wirklich. Als Grundregel gilt: Wenn möglich auf Konsum-kredite verzichten.

Doch, zurück zum Mindset. Fakt ist, dass viele Banken Ihnen eine Anlagestrategie vermitteln, die in etwa wie folgt, aussieht: Haben Sie 10-15 % Ihres Vermögens als eiserne Reserve oder Notgroschen (= frei verfügbares Vermögen) und investieren Sie den Rest in Sachwerte.

Doch warum ist der Notgroschen so wichtig? Ganz einfach: Der solide Durchschnittsbürger möchte ein paar Euro auf der Seite haben. Und das ist auch gut so, denn diese dienen für kurzfristige Reparaturen, Investitionen oder weitere, spontan entstehende Kosten.

DAS ANSPAREN UND DIE MAGIE DER ZEIT

– ein wichtiges Element in Ihrem Leben! –

Wie Sie in dem Buch erkennen werden, ist das Sparen essenziell. Dafür gibt es allgemein vorgeschlagene Sparraten, welche Sie zum Aufbau Ihrer Rücklagen aufbringen sollten:

Ca. 5,5 % sollten Eigenheimbesitzer von ihrem Netto-Einkommen ansparen, um für den renommierten Vermögensaufbau zu sorgen.

Mieter hingegen sollten die Sparrate auf mindestens 7 % erhöhen, damit sie bei unvorhergesehenen Ereignissen gut gerüstet sind.

Gutverdiener, ab einem Einkommen von 4.000 Euro netto pro Monat dürfen diese Sparrate ruhig noch weiter erhöhen.

Von dieser Summe der Sparrate wiederum lohnt es sich, ca. die Hälfte für die Altersvorsorge aufzubringen. Wer im Alter sein Leben genießen möchte, darf die Finanzen nicht dem Zufall überlassen!

Diese Regeln sind allerdings nur sehr pauschal dargestellt. Jeder spart so, wie er sich wohlfühlt. Allerdings gilt: Je mehr, desto besser.

Flexibles Sparen ermöglicht jedem, individuell die Rate anzupassen. Achten Sie darauf, dass Sie überhaupt mit dem Sparen beginnen! Je eher Sie auch nur 50 Euro pro Monat beiseitelegen, desto besser für den Vermögensaufbau. Gerade bei Ihrer Altersvorsorge zählt: Beginnen Sie bereits in jungen Jahren damit! Der Zinseszinseffekt ist enorm, wenn Sie für 10, 15 oder 20 Jahre ansparen. Wer 30 Jahre oder länger für die Altersvorsorge spart, kann sich guten Gewissens auf die Rente freuen.

Und essenziell ist: Denken Sie nicht an die ersten Jahre, es wird sich nicht so viel tun. Denken Sie an die letzten Jahre! Sie werden gleich sehen warum.

> Tipp #0:
> Es lohnt sich von jedem unerwarteten Geldeingang (Geburtstagsgeschenke, Sonderzahlungen, …) sofort 50 % in „Sicherheit" zu bringen und auf ein separates Sparkonto zu überweisen.

Anhand folgender Zahlenbeispiele stelle ich Ihnen vor, warum sich langfristiges Sparen in ETFs lohnt:

1. Beispiel:
   Ein Anleger/in spart für 10 Jahre 100 Euro im Monat an. Die unterstellte Rendite beträgt 6 % p.a., ein Wert, welcher vom DAX in den letzten 40 Jahren sogar übertroffen wurde. Zusätzlich wurde eine Einmaleinzahlung von 1 € fällig, welcher angelegt wurde. Welcher Vermögenszuwachs ergibt sich daraus?

   Angesparte Summe: **12.001,00 EUR**
   Wertzuwachs: **4.327,22 EUR**
   Endkapital: **16.328,22 EUR**

2. Beispiel: Der Investor/in spart unter den genau gleichen Voraussetzungen 20 Jahre:

   Angesparte Summe: **24.001,00 EUR**
   Wertzuwachs: **19.289,69 EUR**
   Endkapital: **43.290,69 EUR**

Sie sehen: Während sich die Sparsumme verdoppelt, ist der Wertzuwachs des Investors/in mehr als viermal so groß wie im Beispiel 1!

3. Beispiel: Der Anleger/in spart für 30 Jahre lang unter den oben angegebenen Kriterien:

   Summe der Einzahlungen: **36.001,00 EUR**
   Wertzuwachs: **61.930,39 EUR**
   Endkapital: **97.931,39 EUR**

Sie sehen: Der Wertzuwachs gegenüber dem 2. Beispiel ist mehr als dreimal so hoch!

Um das Ganze nochmal graphisch darzustellen:

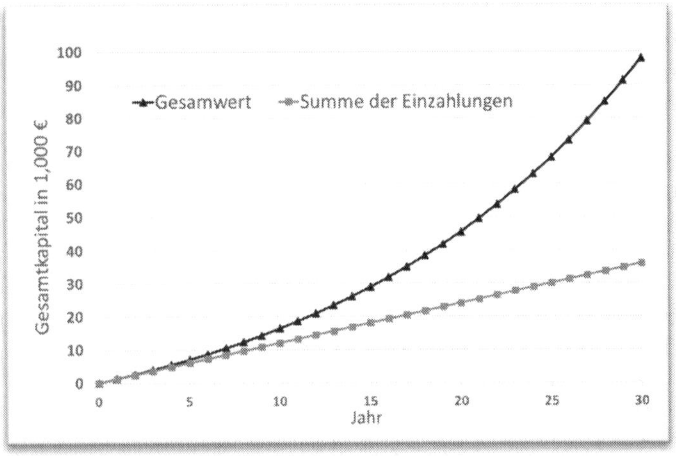

Abbildung 1: Einzahlung 100 € / Monat und Zinssatz 6 % p.a.

In all diesen Beispielen werden aufgrund der Einfach- und Vergleichbarkeit alle Depotkosten und Spesen nicht berücksichtigt.

Die Zahlen sprechen für sich! Es lohnt sich immer, langfristig zu sparen. Die Zinsen werden zusätzlich zur Rate angelegt – eine Investition, die sich gerade auf lange Sicht lohnt! Eine unterstellte Rendite von 6 % entspricht bei ETFs auf Indizes durchaus der Realität. Allerdings sollten Sie hierbei als Investor/in den langfristigen Gedanken der Geldanlage verfolgen.

Warum sollten wir uns fürs monatliche Sparen interessieren? Egal, ob Sie für Ihre Altersvorsorge die passenden Rücklagen bilden, oder sich in mehreren Jahren einen bestimmten Wunsch erfüllen möchten: Je länger Sie sparen, desto besser!

Die passende Geldanlage zu finden, ist nicht schwer. Mischen Sie Ihr Vermögen so, dass Sie alle Asset-Klassen (Anlageklassen) abdecken und beginnen Sie sobald wie möglich damit.

DIE ANLAGEKLASSEN

1. Sparformen wie etwa Festgelder, Sparbriefe, verzinsliche Anlagen, Geldmarktkonto und Co von Banken: Diese Methoden bieten in der heutigen Zeit jedoch kaum Zinsen. Die eiserne Reserve (Notgroschen) kann auf diesen Anlagen geparkt werden.

2. Aktien. Diese Anlageklasse stellt die häufigste Art und Weise dar, das Geld in ETFs anzulegen. Als Aktionär können Sie sich in Unternehmen auf der ganzen Welt einkaufen.

3. Rohstoffe: In Rohstoffe wie Gold, Silber, Platin oder Kupfer investieren viele Menschen ihr Geld. Sie wollen es vor Inflation oder Währungsschwankungen schützen, jedoch keine zu starken Schwankungen hinnehmen.
4. Immobilien: Die Immobilie gehört mit zu den beliebtesten Anlageformen der deutschen Anleger/innen. Allerdings ist hierfür ein bestimmtes Startkapital notwendig, das Sie sich in Form von ETFs ansparen könnten. Doch bestimmte ETFs ermöglichen Ihnen, auch an der Entwicklung des weltweiten Immobilienmarktes zu partizipieren.

Doch wenn Sie immer noch skeptisch sind was das Thema passives Investieren betrifft, sehen Sie sich doch folgende Diagramme an:

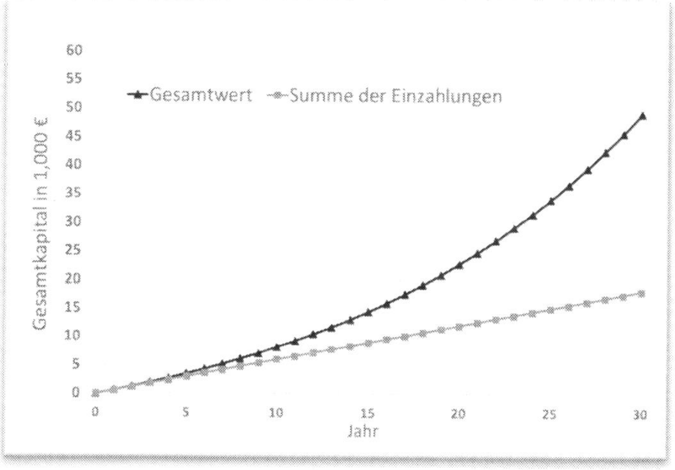

Abbildung 2: Einzahlung 50 € / Monat, Erhöhung der Einzahlung 5% p.a. und Zinssatz 6% p.a.

Schon ab 25 € im Monat können Sie einen ETF Sparplan aufsetzen und das ohne große Mühen. Im obigen Beispiel wird eine monatliche Einzahlung von 50 € angenommen. Zusätzlich wurde eine jährliche Steigerung von 5 % angenommen, das bedeutet im zweiten Jahr zahlen Sie monatlich 5 % mehr ein (statt 50,00 € zahlen Sie 52,50 € ein). Und wie bereits erwähnt wurde eine Rendite von durchschnittlich 6 % p.a. angenommen.

Sie sehen, selbst bei dieser geringen Sparrate gelingt es Ihnen schon eine beträchtliche Summe anzulegen. Doch ich bin mir sicher, dass ein Mensch wie Sie in der Lage ist, mehr zu sparen. Und selbst, wenn dies noch nicht der Fall sein sollte, dann ist dies genau der richtige Abschnitt weiterzulesen.

Würden Sie es schaffen 500 € monatlich beiseite zu legen (und ja, das ist möglich), dann würde das Ganze wie folgt aussehen:

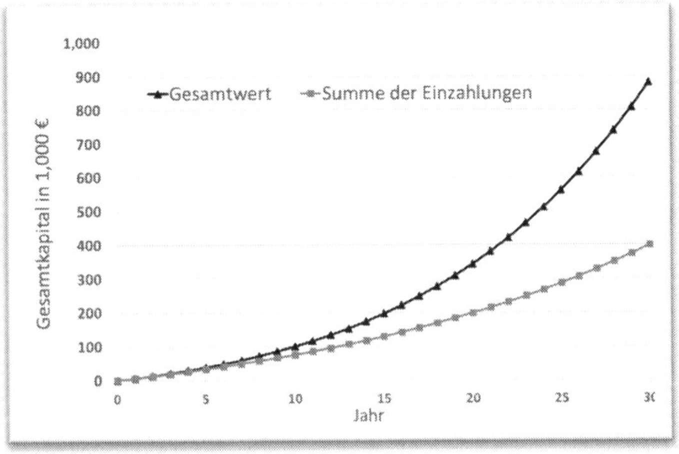

Abbildung 3: Einzahlung 500 € /Monat, Erhöhung der Einzahlung 5% p.a. und Zinssatz 6% p.a.

Mit etwas Glück und einer etwas höheren Durchschnittsrendite können Sie sich nach etwa 30 Jahren stolz als Millionär bezeichnen! Gratulation!

Würden Sie sich nicht damit beschäftigen, so würde diese Idee wohl nie auch nur in Ihren Kopf kommen. Doch Sie sehen, es ist möglich.

Und für die ganz Eifrigen unter Ihnen, welche dadurch so begeistert und motiviert sind, gibt es noch einen

Bonus! Schaffen Sie es, im Monat 2000 € beiseite zu legen, so können Sie sogar zum Multimillionär werden. Und das nur, indem Sie Ihr Leben genießen, automatisch einzahlen und JA, natürlich auch etwas mehr sparen als der Durchschnitt.

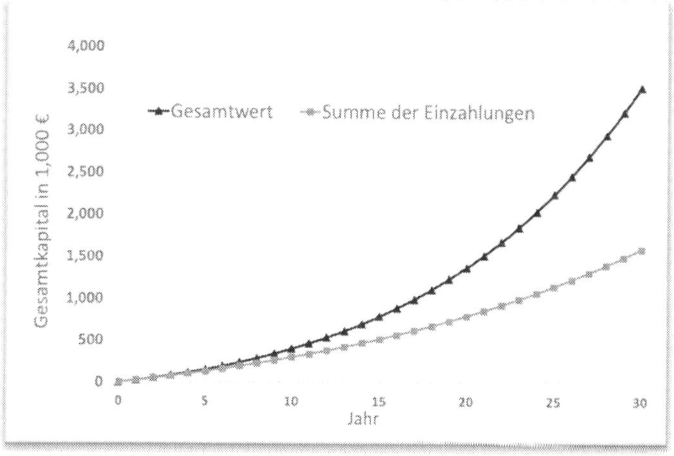

Abbildung 4: Einzahlung 2000 € /Monat, Erhöhung der Einzahlung 5% p.a. und Zinssatz 6% p.a.

An den gezeigten Fällen sehen Sie weitere Beispiele für den Zinseszinseffekt, der in der Geldanlage eine essenzielle Rolle spielt.

Und um Sie zu beruhigen: Es gilt bei jedem monatlichen Sparvertrag: Sie können die Rate jederzeit verändern oder aussetzen. Sie binden sich keinen „Klotz ans Bein“, denn Sie können den Sparplan pausieren, sollte es zu unerwarteten Schwankungen in Ihrer Einkommenssituation kommen.

Doch nun fragen Sie sich vielleicht: Wenn es doch so einfach ist, dann gibt es bestimmt einen Weg, das schneller zu erreichen. Doch das führt uns zu folgendem Thema…

INVESTOR ODER TRADER?

Auf diversen Finanzwebseiten wird immer wieder vom Investor oder vom Trader gesprochen. Beide Anleger investieren unter anderem auch in ETFs. Wie können diese Personen unterschieden werden?

Der Trader/in gilt meist als ein sehr kurzfristig agierender Anleger. Er wird unter anderem als Spekulant/in bezeichnet. Der Anlageerfolg soll schnell realisiert werden. Ein langfristiger Vermögensaufbau steht hier nicht im Vordergrund. Der Spekulant/in muss meist viel Zeit für seine Geldanlagen aufwenden, da er sein Depot öfter umschichtet als der Investor/in. Während der Trader/in maximal für 1-3 Jahre ETFs hält, hat der Investor/in sein Geld oft bis hin zur Rente in der Position.

Im Grundsatz gilt die Geldanlage langfristig zu betrachten. Nur so können Sie Zeiten der Achterbahnfahrten (hohe Volatilität) gut ausgleichen und Ihr Leben in Ruhe genießen. Das Gesetz der Mitte (Jede Schwankung passiert um eine Gerade) wird sich bewähren.

Tipp #1:
Legen Sie Ihr Vermögen langfristig in ETFs an. Damit lohnt es sich, in solide Asset-Klassen wie Aktien zu investieren. Lassen Sie Ihr Geld für sich arbeiten. Blicken Sie nicht ständig auf Ihren Depotwert. Schlafen Sie ruhig, auch in Zeiten, in denen die Kurse fallen. So nutzen Sie günstige Einstiegspreise automatisch und um Schnäppchen zu machen. Der Investor/in sorgt für den substanziellen (sachbasierten) Vermögensaufbau, indem er Einmalanlagen mit dem monatlichen Sparen kombiniert.

Durch das monatliche Sparen entsteht ein Durchschnittskurs der Sparraten. Das heißt, dass das Risiko, zu teuer einzukaufen, deutlich gesenkt wird. Gerade in Krisenzeiten, in denen sich kaum ein Investor/in traut, in den Markt einzusteigen, ist das monatliche Sparen wichtig. Sie können diese Gelegenheiten nutzen um einmalig und langfristig zu günstigen Preisen anzulegen.

ERFOLG SCHAFFT ERFOLG

Eine Grundlage, die man verstehen muss. Ein jeder besitzt eine innere Waage. Diese Waage bestimmt über Ihre Zukunft und mit jeder Aktion oder jedem Geschehnis verändern Sie das Gleichgewicht dieser. Mag seltsam klingen, aber jeder noch so kleine Erfolg programmiert Sie unbewusst auf noch mehr Erfolg.

Wenn Sie Erfolge mit Ihrer Geldanlage haben, sind Sie motiviert, sich intensiver mit dem Börsengeschäft auseinanderzusetzen. Wer an den langfristigen Vermögensaufbau denkt, bleibt bei fallenden Kursen ruhig und nutzt diese, sich in die Märkte einzukaufen.

Das motiviert, mehr zu verdienen.

Dennoch sei zur Vorsicht gewarnt. Die alte Börsenweisheit: „Gier frisst Hirn“ sollten Sie niemals vergessen. Bleiben Sie dem Gedanken des langfristigen Vermögensaufbaus treu und seien Sie sich Ihrer Handlungen stets bewusst.

HISTORISCHE ZAHLEN RUND UM DEN DAX

Der Index DAX (deutscher Aktienindex) wurde am 1. Juli 1988 eingeführt. Er setzte vor mehr als 30 Jahren den Index der Börsen-Zeitung fort, der in seiner Historie bis in das Jahr 1959 zurückging.

Damals wurde am 31. Dezember 1987 der DAX auf 1.000 Indexpunkte festgelegt. Der Index gilt als Repräsentant von ca. 80 Prozent der Marktkapitalisierung börsennotierter Aktiengesellschaften. Diese Unter-nehmen gelten als die „global Player“ am Markt. Sie finden dort Werte wie VW, Deutsche Bank, BMW oder Siemens. Jedoch können sich die Werte im DAX auch ändern. Je nach Wirtschaftslage gehören immer andere Konzerne zu den wichtigsten in Deutschland.

In den letzten 30 Jahren unterlag der Kursindex, der als Spiegel der deutschen Wirtschaft gilt, großen Kursschwankungen. Der Höchststand des DAX wurde mit mehr als 13.789 Punkten im ersten Quartal 2020 erreicht. Mittlerweile sank der Index durch die Krise auf zwischenzeitlich 8.441 Punkte, und dass innerhalb sehr kurzer Zeit. Auch in anderen Indizes spiegelt sich dies wider.

Warum wird dieses Beispiel dargestellt?
Obwohl sich der Index auf ca. 10.000 Punkte im April 2020 eingependelt hat, sehen Sie die Volatilität (Schwankungen) am Börsenbarometer immer noch. Auch ein Korb, der eine Vielfalt von Werten zeigt, unterliegt großen Schwankungen.

Die weltweite Krise durch das Virus Corona hat die Wirtschaft mit mehr als negativen Nachrichten belastet. An dieser Achterbahnfahrt erkennt jeder: Auch ein ETF, der den bekannten Leitindex DAX spiegelt, stellt keine Einbahnstraße zum Erfolg dar.
Ähnliche Schwankungen und Kursstürze erlebten wir auch in der Dotcom Blase zur Jahrtausendwende, bei der Finanzmarktkrise, die 2008 eingeleitet wurde, und bei zahlreichen weiteren Weltwirtschaftskrisen. Die Thematik ist also nicht neu.

Was am Beispiel vom DAX erklärt wurde, passierte auch mit allen anderen Indizes, die mit der

Investition in ETFs einhergehen. Der MSCI World ist der weltweit größte Index, der die mächtigsten Unternehmen der Welt widerspiegelt. Auch wenn Sie S&P 500 (dieser Index umfasst die 500 größten börsennotierten Unternehmen in den USA) oder andere Indizes wie den Nikkei aus Japan (der bedeutsamste Index Asiens) zum Vergleich nehmen: Alle Indizes stürzten mit der Krise gleichermaßen ab. Alle Börsen crashten!

> Tipp #2:
> Sie dürfen sich aufgrund des durchaus spannenden Börsenjahrs 2020 einmal die für Sie wichtigsten Indizes betrachten: Wenn Sie die Charts aufeinanderlegen, verlaufen diese in ihren Kurssprüngen alle ähnlich. Genau darin besteht auch die Kunst, an der Börse schlau zu reagieren. Krisen bedeuten Kaufkurse. Meist stürzen weltweit alle Börsen gleichermaßen ab, um im Anschluss wieder moderat anzusteigen. Wann jedoch ist eine Krise vorbei? Natürlich kann Ihnen hier niemand eine detaillierte Auskunft erteilen. Fest steht, dass auch der größte Börsen-Profi niemals den besten Kurs zum Kauf und den Idealkurs zum Verkauf erwischt. Genau aus diesem Grunde ist das monatliche Sparen so wichtig. Damit setzen Sie niemals aufs falsche Pferd. Sie kaufen zu guten Durchschnittspreisen. Sie bauen sich somit langfristig ein Vermögen auf.

„PAY YOURSELF FIRST!“

Das einfache System „Pay yourself first“ ist ein effektiver Weg, sich selbst „glücklich zu sparen“. Mit der deutschen Übersetzung „Zahle zuerst Dich selbst!“ wird von vielen Finanzprofis empfohlen, sich auf die finanzielle Freiheit einzustimmen. Das schaffen Sie, indem Sie monatlich sparen. So kommen Sie Ihren Wünschen und Zielen Stück für Stück näher. Dadurch steigert sich Ihr Selbstwertgefühl. Durch einen monatlich festen Betrag, den Sie sich durch Einnahmen und Ausgaben errechnen, schaffen Sie es, Ihr persönliches Sparziel zu erreichen.

> Tipp #3:
> Meist ist es nicht schwer, die Ausgaben zu reduzieren. Überprüfen Sie anhand Ihrer Kosten, wo Sie sparen können! Vergleichen Sie Energieanbieter, Internet-Kosten und vieles mehr oder Fragen Sie sich: „Ist dieser 30igste Pullover wirklich nötig?“, oder: „Brauche ich diese Schuhe überhaupt?“. Und Wichtig, wenn es dann so weit ist: Zahlen Sie sich auch zuerst selbst!

Am besten beauftragen Sie Anfang des Monats eine Abbuchung auf Ihr Sparkonto oder Ihren Sparplan. Denn worauf Sie keinen Zugriff haben, können Sie auch nicht ausgeben. So werden Sie sich kaum mehr wundern, wo denn das ganze Geld hin ist.

„Die Menschen verstehen nicht, welch große Einnahmequelle in der Sparsamkeit liegt.“

- Zitat von Marcus Tullius Cicero-

WAS ERREICHEN SIE DURCH „PAY YOURSELF FIRST“?

Sie verbessern Ihr Selbstwertgefühl. Sparen macht stolz und glücklich. Wer selbst sein finanzielles Schicksal in die Hand nimmt, ist nicht auf die Hilfe anderer angewiesen. Dadurch schenken Sie sich positives Feedback. Die Funktion von „positive Feedback-Loops“ wiederum ermöglicht es Ihnen, Schritt für Schritt Ihren Lebenszielen näherzukommen und sich darauf zu programmieren. In diesem Sinne bestätigen Sie sich selbst. Dadurch werden Sie ermutigt, mehr Erfolge zu feiern und mehr Eigenverantwortung zu übernehmen. Letztendlich ist das der Schlüssel zum Glück und zum Leben in finanzieller Unabhängigkeit.

„Progress is happiness!“

- Zitat von Tony Robbins -

3. DIE UNTERSCHIEDE VON ETFs

Anhand der bisherigen Ausführungen könnte der Eindruck entstehen, dass Sie vorwiegend Index-ETFs kaufen sollten. Doch es gibt auch andere Fonds und entscheidende Unterschiede. Diese wissenswerten Differenzen sind in diesem Kapitel dargelegt!

GRUNDSÄTZLICHE EINTEILUNG

Exchange Traded Funds basieren immer auf einem Basiswert (zugrundeliegender Vermögensgegenstand). Abhängig von diesem kommt folgende Einteilung zustande:

Indizes

Mit die häufigsten Basiswerte für ETFs sind die weltweiten Indizes. Diese spiegeln einen Korb von hinterlegten Aktien wieder. Nur die großen „global Player“ schaffen den Sprung in diese Aktienindizes.

Beispiele für wichtige Indizes sind:

- DAX
- MSCI World
- S&P 500
- Dow Jones Industrial
- Nikkei
- FTSE 100

Doch wie Sie vermutlich bereits erwarteten, gibt es noch mehr Einteilungskriterien.

Sektoren (auch Branchen genannt)

Wer möchte, kann seine Investition auch in einzelne Sektoren oder Branchen tätigen. Natürlich hängen auch große Kursbewegungen dieser mit weltweiten Krisen zusammen.

Kaum ein Investor/in von SAP, Daimler oder der Deutsche Bank kann sich großen Wirtschaftskrisen entziehen, welche die Welt überfluten. Dennoch sind speziell auf einen Sektor ausgerichtete ETFs nicht selten der Schlüssel zum Erfolg. Schließlich gibt es immer wieder neue aufstrebende Märkte, wie etwa Technologie oder die Automobilbranche im Umschwung.

Ein paar Beispiele für spezielle Fachgebiete:

- Finanzen
- Handel
- Automobile und Zubehör
- Chemie
- Kunststoffe
- Technologie
- Medien
- Pharma

Eine weitere, für den ein oder anderen überraschende, Möglichkeit folgt.

Rohstoffe

Rohstoffe oder Edelmetalle gelten oft als „Fluchtwährung“ bei Wirtschaftskrisen. Jedoch stell sich vielen die Frage: Ist es sinnvoll, sich einen Barren Gold ins Schließfach zu legen? Hierbei sollten Sie vor allem eines bedenken: Der An- und Verkaufskurs, der bei Edelmetallen notiert wird, ist mit einer großen Spanne (Differenz) versehen.

Des Weiteren ist zu erwähnen, dass Gold eines der wenigen Edelmetalle / Rohstoffe ist, welches umsatzsteuerfrei gehandelt werden darf.

Deshalb investieren die meisten Anleger/innen, die auf steigende Preise von Silber und Co setzen, in einen ETF. Hier partizipieren Sie mit wenig Nebenkosten direkt an der Preisentwicklung des

Basiswerts. Ein paar mögliche Rohstoffe, die Sie über einen börsennotierten Fonds kaufen können, sind:

- Erdöl
- Platin
- Silber
- Kupfer
- Holz
- Gold
- Lithium

Vor allem im Bereich der Rohstoffe gibt es oft übermäßige Starkphasen. Bei Gold etwa in Krisenzeiten, Lithium im Elektromobilitäts-Hype und Erdöl in Zeiten des Handelskrieges.

Immobilien ETFs (REITs)

REIT steht für Real-Estate-Investment-Trust, zu deutsch: börsengehandelte Immobilien-Aktiengesellschaft. Doch was versteht man nun darunter? Ein REIT ist zumeist ein Unternehmen, welches Kapital sammelt und dieses in den Kauf, die Aufwertung, die Veräußerung und die Vermietung von Immobilien investiert. Trotz dessen, dass es sich um ein Unternehmen handelt, können Sie so indirekt an der Entwicklung des Immobilienmarktes teilnehmen. Folgende Zahlen sprechen für sich:

Im März 2018 veröffentlichte die Schweizer Bank Credit Suisse eine Statistik. Diese stellt die Durchschnitts-Renditen p.a. seit dem Jahre 1900 dar. Diese Langzeitbetrachtung zeigt folgendes Ergebnis:

- Aktien: 5,2 %
- Immobilien: 4,8 %
- Anleihen: 2,0 %

In dieser vom Magazin Focus veröffentlichten Studie ist der weltweite Markt hinterlegt.

Somit lohnt es sich für manchen Investor/in mit einem Teil des Vermögens in den Immobilienmarkt einzusteigen. Auch hier werden weltweite Märkte hinterlegt, die diversifizieren. Außerdem sind in diesen ETFs Gewerbe- und keine Privatimmobilien hinterlegt. Diese Objekte lassen sich meist sehr gut vermieten.

Länder und Regionen

Ist es sinnvoll, bestimmte Regionen oder Länder bei der Auswahl der richtigen ETFs zu forcieren? Es gibt viele Tendenzen, zum Beispiel die eines aufstrebenden Marktes. Diese sprechen für bestimmte Gebiete oder Regionen. Beispielsweise sind die Emerging Markets ein Feld, in das viele Anleger/innen große Hoffnungen setzen. Dieser Markt umfasst die Schwellenländer, die in Zukunft aufstreben „sollen oder werden". Der MSCI Emerging Markets Index umfasst 24 Länder wie etwa Ägypten, Chile, China, Peru, Mexiko, Russland, Tschechien, Brasilien, Griechenland, Katar, Südkorea, Indien und Indonesien.

Wer vor allem auf eine florierende Wirtschaft in diesen „Entwicklungsländern" baut, kann sich einen passenden ETF ins Depot legen. Doch auch andere Themenfelder sind bei Länder- und Regionalfonds denkbar. Ein paar Möglichkeiten dazu:

- Europa (STOXX Europe 600)
- USA (S&P 500)
- China (CSI 300)
- Emerging Markets (MSCI EMUM)
- Worldwide (MSCI World)

Bitte beachten Sie, dass alle Länderfonds gegebenenfalls ein indirektes Währungsrisiko tragen. Natürlich notiert ein ETF, den Sie über ein deutsches Depot abwickeln, in Euro. Sollten Sie jedoch ausschließlich in den USA (z. B. Dow Jones oder S&P 500) investieren, erfolgt eine Umrechnung von US $ in Euro. Ein indirektes Währungsrisiko tragen Sie in diesem Falle also mit. Allerdings birgt es auch eine Chance in sich, nicht nur auf europäisch notierte Unternehmen zu bauen.

Es gibt immer mehr Skeptiker, die gerade aus diesem Grunde breit aufgestellt sein möchten.

Ohne in dieser Darstellung zu weit ins Detail gehen zu müssen: Kaufen Sie das, was Sie nachvollziehen können.

Natürlich gibt es auch gegen die Währung gesicherte Fonds. Im Grundsatz sollten Sie verstehen, dass aber jede Absicherung Geld kostet. Gegebenenfalls werden indirekte Gebühren in der Performance Ihre Rendite schmälern. Je weniger komplizierte Sicherungsgeschäfte im Fonds enthalten sind, desto „reiner" die Performance für Sie.

WEITERE EINTEILUNG

Nun werden Ihnen ein paar Fachbegriffe vorgestellt, die Sie verstehen sollten. Diese finden in der Welt der Finanzen immer wieder berechtigten Raum. Deshalb müssten Sie diese Begriffe zumindest schon einmal gehört haben:

Die Marktkapitalisierung

Die Marktkapitalisierung wird auch als Börsenkapitalisierung oder Börsenwert bezeichnet. Die englische Übersetzung lautet market capitalisation, kurz Market Cap. Darin stellt sich der rein rechnerische Gesamtwert aller Anteile des Unternehmens dar. Kurz gesagt das Produkt des Aktienkurses mit der Anzahl an Aktien. Je höher die Marktkapitalisierung, desto mehr Geldvolumen wird gehandelt. Aus dieser Gesamtsumme errechnet sich ein Kurswert. Dieser wird an jedem Tag, an dem ein Börsenhandel stattfindet, neu festgelegt. Grundsätzlich ist bedeutsam, dass Mantra des Marktes zu kennen. Es lautet: Angebot und Nachfrage regeln den Preis.

Ein Beispiel:
Sie sind auf einem Markt mit vielen Händlern. Je mehr Angebot gegenüber der Nachfrage besteht, desto günstiger der Preis. Steigt jedoch die Nachfrage nach einer bestimmten Ware, steigt im Normalfall auch der Preis. Dies ist eine stark vereinfachte Darstellung, welche aber unumgänglich ist.

Bei den ETFs gibt es ebenfalls eine Einteilung nach der Market Cap. So gibt es ETFs auf Unternehmen aus dem Small Cap, Mid Cap und Large Cap Bereich. Diese unterscheiden sich schlichtweg durch ihre Größe, und deshalb auch ihrer Marktkapitalisierung.

Ein Beispiel:
In Europa gibt es ETFs, die Large Cap Unternehmen (auch Bluechips genannt), wie etwa SAP, AXA, Danone, Adidas oder BMW enthalten. Ein Beispiel hierfür wäre der DJ EURO STOXX 50.

Allerdings haben Sie auch ETFs, wie etwa den DJ EURO STOXX MidCap, welche ausschließlich europäische Mid Cap Unternehmen enthalten.

Und natürlich gibt es noch ETFs, die Kleinunternehmen enthalten, wie etwa den DJ EURO STOXX Small Cap.

Doch mit welchen Unterschieden Sie für die Anlage rechnen müssen, erfahren Sie später noch.

Growth vs. Value

Eine weitere Einteilung der ETFs besteht in den enthaltenen Aktien. Hier wird unterschieden zwischen Growth oder Value Aktien.

Die Value-Strategie (engl. Value = Wert)
Wer auf Value-Aktien baut, möchte sich in werthaltige, renommierte Unternehmen einkaufen. Im Optimalfall suchen Sie nach Aktien, deren Börsenwerte aktuell unter ihren Buchwerten (tatsächlichem Wert) liegt. Value-Investoren/innen handeln oft antizyklisch, das heißt, sie agieren nicht so wie die Masse. Bei der Value-Strategie für Aktien-

Anleger/innen gilt: Die tatsächlich „faire“ Börsennotiz entspricht (noch) nicht dem realen Wert. Deshalb investieren sie und erwarten, dass der faire Preis erreicht wird. Mit diesem Hintergedanken kaufen Value-Investoren/innen solide Unternehmen, von dessen Wert sie überzeugt sind. Der Value-Investor/in baut auf Substanz und Erfahrung.

Solche Unternehmen weisen meist eine überdurchschnittliche Profitabilität und eine stabile Entwicklung der Gewinne auf. Man spricht zudem von einer guten Marktposition. Diese Unternehmen weisen oft gute Gewinnausschüttungen, also Dividenden, aus. Um einen Richtwert zu geben: Dividenden schwanken meist zwischen 1 % und 5 %. Doch möchten Sie gerne mehr über Dividenden erfahren, dann können Sie in einiger Zeit wieder auf meine Seite kommen um sich ein Buch für diesen Bereich zu holen.

Beispiele von Value Aktien sind Coca-Cola, Apple oder Delta Air. Auch deutsche Aktien wie die Deutsche Bank oder Lufthansa können, je nach Unternehmenszahlen, als Value eingestuft werden. Allerdings gilt auch hier: Der Markt ändert sich schnell.

Nun mag diese Strategie sehr vielversprechend klingen, allerdings steckt jede Menge Arbeit dahinter unterbewerteten Unternehmen ausfindig zu machen. So müssen Sie die Unternehmenskennzahlen genau untersuchen, Cash-Flow-Analysen durchführen und weitere Berechnungen machen, damit Sie den Wert eines Unternehmens tatsächlich kennen.

Die Growth-Strategie (engl. Growth = Wachstum)
Hier geht es nicht primär um einzelne Unternehmen, sondern um die Sicht auf einen Wachstumsmarkt. Es werden bei der Growth-Strategie gesamte Branchen betrachtet. Der Growth-Investor/in versucht, so frühzeitig wie möglich zukünftige Märkte mit viel Potenzial zu finden. Der boomende Markt, der die größte Dynamik in Aussicht stellt, wird ausgewählt. Sektoren mit guten Zukunftsaussichten finden Sie zum Beispiel in Bereichen wie der Telekommunikationstechnik, der Nachhaltigkeit oder modernen Firmen, die auf innovative Lösungen setzen.

Ein Beispiel zu Growth:
Ein erfolgreiches Investment im Sinne dieser Strategie stellte das junge Unternehmen Facebook dar. Facebook wies bei seiner ersten Börsennotiz noch längst keine Gewinne auf. Doch viele Anleger/innen waren sich einig: Ein Unternehmen wie Facebook stellt Innovation dar. Innovation bedeutet Fortschritt. Fortschritt bedeutet Wachstum. Auch Amazon oder eBay konnten seit ihrem Börsengang Umsatz und Gewinn stetig steigern. Jedoch gibt es

wie bereits erwähnt auch andere Branchen, wie etwa den Markt von Lithiumproduzenten vor einigen Jahren.

Um nicht in das falsche Unternehmen zu investieren und zuzusehen, wie sie den Bach herunterlaufen, ist auch hier eine ausführliche Analyse notwendig.

Growth oder Value – was ist besser?

Wenn es so einfach wäre, diese Frage sofort zu beantworten, würde jeder an der Börse nur verdienen. Vieles klingt bei der Auswahl der richtigen Werte leichter gesagt als getan. Der Börsenprofi Warren Buffett kennt natürlich beide Analysemöglichkeiten. Fast seine komplette Lebenszeit hat er dafür verwendet, festzustellen, ob Value oder Growth die bessere Anlagestruktur darstellt. Die genaue Analyse ist nicht nur für amerikanische Multimilliardäre wie Buffett eine große Herausforderung. Auch heute beschäftigt sich so gut wie jeder Herausgeber von Fonds und auch dessen Mitarbeiter mit der detaillierten Betrachtung von Aktien.

Zudem zeigt der Erfahrungsschatz von vielen erfolgreichen Börsianern: Es gibt Zeiten, die sprechen tendenziell eher für Value, während andere Epochen mehr von Growth profitieren. Ein Trend kann sich sehr schnell umkehren. Deshalb sollten

Sie niemals nur pauschale Aussagen treffen, auf welche Werte Sie bauen.

DIE GRUNDLAGE DER AUSWAHL

Eignen Sie sich selbst Erfahrungen und somit zusätzliches Wissen an. Nutzen Sie aktuelle Börsenquellen. Zudem sollten Sie die aktuelle Wirtschaftspresse lesen. Die Börse gilt nicht umsonst als Wirtschaftsbarometer Nummer 1. Deshalb spielen Arbeitsmarktzahlen, BIP, Wirtschaftswachstum, Export und Import, und vieles mehr für Kursbewegungen eine zentrale Rolle.

All diese Zusammenhänge stellen eine spannende Aufgabe dar, die Sie weiterbildet. Wer sich also mit ETFs beschäftigt, erweitert in der Regel seinen geistigen Horizont.

Doch man darf nie vergessen, dass sich das Blatt der Kursnotizen aufgrund diverser Vorkommnisse schnell ändern kann.

Ein Beispiel:
Die Automobilbranche ist ein Gebiet, das viele internationale und nationale Anleger/innen lockt. Das Siegel „Made in Germany“ ist bei Titeln wie VW, Daimler oder BMW mehr als angesehen. Deshalb sind auch zahlreiche, große Autokonzerne als Aktien im DAX gelistet. Sie wissen, dass der Dieselskandal schon seit vielen

Jahren weltweit bekannt ist. Aufgrund der skandalösen Nachrichten, die Anfang 2015 die Presse regierten, rutschten alle deutsche Automobilaktien schnell in den Keller. Noch heute kämpfen viele Firmen mit Schadensersatzforderungen aus dem In- und Ausland. Egal, ob Audi, Porsche oder BMW: Eine große, angesehene Branche war schnell von aktuellen Geschehnissen betroffen. Die deutsche Autobranche war verbrannt. Das betraf auch die Zulieferer. Wenn Sie die Nachrichten rund um die Wirtschaft verfolgen, hilft Ihnen das, Zusammenhänge rund um die Börse zu verstehen. Experten sind sich heute darüber einig: Große Automobilwerte haben es schwer, nach negativen Schlagzeilen wieder schnell in die Gewinnzone zu rutschen.

Konnte man derartige Skandale nicht vorhersehen?

Nein! Jeder noch so große Experte oder erfahrene Profi kann im Vorfeld nicht ahnen, wie sich Werte entwickeln werden. Genau das macht das Geschäft rund um ETFs auch so spannend. Wenn jeder im Vorhinein wüsste, wie sich die weltwirtschaftliche Lage entwickelt, würde jeder nur verdienen. So funktioniert die Börse aber nicht. Selbst die besten Analysetools geben niemals Garantien, wie sich der Kursverlauf in der Zukunft ändert.

Fest steht allemal: Wer etwas Erfahrungen an der Börse sammelt, profitiert davon. Betrachten Sie ruhig einmal einen langfristigen Chart. Nach jeder Krise erholt sich der Markt irgendwann. Wichtig ist für den Investor/in, dass Sie zwei wichtige Grundeigenschaften mitbringen: Zeit und Geduld. Wie sagte schon der bekannte Börsenprofi André Kostolany?

„Kaufen Sie Aktien und nehmen Sie Schlaftabletten!“

Mit diesem, vom Börsenguru bekanntesten Spruch wollte Kostolany 1999 der Masse eine Botschaft vermitteln:

Geduld am Aktienmarkt zahlt sich langfristig aus!

Genau unter diesem Gesichtspunkt sollten Sie sich nicht in Panik versetzen lassen, wenn die Märkte fallen. Nutzen Sie verbilligte Preise, um sich einzukaufen und sehen Sie das finale, langfristige Ziel.

Durch einen monatlichen Sparplan mit ETFs lohnt sich der passive Aufbau eines Vermögens allemal. Bitte beachten Sie den langfristigen Gedanken, der hinter dem Vermögensaufbau steckt und verlieren Sie diesen nicht aus den Augen … schnell sind falsche Entscheidungen getroffen.

CHANCEN OHNE RISIKO?

Viele Anleger/innen sagen sich Sätze wie:

> „Ich will alle Chancen nutzen, aber kein Risiko eingehen“, oder: „Es leuchtet mir ein, dass es bei der Investition ins Unternehmen gute Erträge gibt. Aber ich will einfach nicht, dass die Kurse fallen!“.

Aussagen wie diese hört jeder Banker, der in der Investmentberatung arbeitet, mehr als einmal von seinen Kunden. Aus diesem Grunde stelle ich Ihnen ein Pendel der Uhr als Beispiel vor.

Das Pendel

In Ihrem Wohnzimmer befindet sich eine große Wanduhr mit einem Pendel. Sie kennen so eine Uhr sicher noch von Ihren Eltern oder Großeltern. Sie ziehen dieses Pendel in die linke Richtung auf. Im Anschluss lassen Sie es los. Wie schlägt dieses in die andere Richtung, also nach rechts, aus?

Schnell wird klar: Je weiter Sie das Pendel in eine Richtung aufziehen (Chancen), desto größer kann der Ausschlag in die andere Richtung (Risiko) sein. Damit wird also verdeutlicht: Wenn Sie sich langfristig betrachtet einen Wertzuwachs von z.B. 5 % Rendite erhoffen, müssen Sie sich darüber klar sein, dass Sie auch einen entsprechenden Vermögensverlust hinnehmen könnten.

Chancen und Risiken geben sich also auch an der Börse die Hand. Man könnte auch sagen:

„Kein Mensch kann sich unter die Dusche stellen,
ohne jemals nass zu werden!“

Sollten auch Sie es keinesfalls ertragen, dass Ihr Depot sich nach unten entwickelt, sage ich Ihnen eines: Lassen Sie die Finger von ETFs! Korrekturen nach unten muss jeder Anleger/in, egal ob Investor/in oder Spekulant/in, aushalten können. Auf lange Sicht sollten Sie stets das Uhrpendel vor Augen haben. Irgendwann „pendelt sich der Markt ein“. Sollten Sie am langfristigen Vermögensaufbau interessiert sein, zählt das Motto: Bleiben Sie cool! Buchverluste (Verluste im Depot, welche noch nicht ausgezahlt sind) sind keine realisierten Verluste.

Genau aus diesem Grunde wird mit dieser Lektüre der langfristig orientierte Sparer, der ruhigen Gewissens schlafen gehen will, unterstützt.

4. DIE ASSET ALLOCATION

Im Pendel der Uhr sehen Sie: Es ist im Vorfeld wichtig, sich über ein tragfähiges Risiko bewusst zu werden. Längst bevor Sie den Kauf ordern, sollte für Sie wissen, wie hoch die Schwankungsbreite ist, mit der Sie leben können.

Den richtigen Mix für Ihre Vermögen zu finden, ist die Kunst bei der Geldanlage. Asset Allokation zu betreiben heißt also, dass Sie aktiv Einfluss auf die Risikostreuung nehmen. Dabei steht das Wort Asset für eine Anlageklasse wie etwa Aktien, Immobilien oder Rohstoffe, aber auch Anleihen und Versicherungen. Die Allokation steht für die Verteilung Ihres Vermögens über diese Assets. Auf gut deutsch: In welche Körbe wollen Sie Ihre Eier legen?

Dabei ist es entscheidend, wie Ihre eigene Finanzlage aussieht. Zudem spielt für das Risiko, das Sie eingehen möchten, Ihr persönlicher Erfahrungsschatz zum Thema Wertpapiere eine entscheidende Rolle.

ETFs sind noch nicht allzu lange Zeit in aller Munde. Doch Erfahrungen im Aktiengeschäft können Sie auch für diese nutzen. Von diesem Schatz können Sie als Neuling beim Thema ETF profitieren. Schließlich ist der Wert, in den Sie in Form eines ETFs investieren, zumeist die Aktie. Darauf kommt es an… Doch auch wenn sie total neu am Börsenmarkt sind, werden Sie ihre Erfahrungen machen.

WAS IST KLUMPENRISIKO?

Jeder Anleger/in weiß, dass tragfähige Risiken den Investor/in gut schlafen lassen. Wer jedoch alles auf ein Pferd setzt, läuft Gefahr, dass genau dieses Pferd in die falsche Richtung galoppiert.

Um Ihnen das Beispiel der vernünftigen Anlagepolitik nochmals näher aufzuzeigen: Wer mit einem Rennwagen auf der Überholspur unterwegs ist, läuft Gefahr, einen sehr schweren Unfall zu verursachen.

Kleine Fahrfehler werden bei schnellen Fahrten nicht immer verziehen. Sollten hierbei große Personenschäden entstehen, können diese kaum mehr wettgemacht werden.

Ähnlich wie in diesem Beispiel wäre es, sein komplettes Vermögen auf nur einen einzigen Wert zu setzen. Wenn dieser eine Wert sich nicht genauso entwickelt, wie im Vorfeld geplant, können gegebenenfalls extreme

Verluste entstehen. Es kann noch schlimmer kommen: Wer im gleichen Atemzug der Talfahrt der Börse noch den Job verliert oder unvorhergesehene Kosten, wie Umzug oder Reparaturen zu tragen hat, muss eventuell sein Konto überziehen. Obwohl die Kreditzinsen derzeit nicht allzu hoch liegen, ist der Dispositionskredit der teuerste, der kurzfristig aufgenommen werden kann. Schnell fressen den Investor/in hohe Ausgaben auf. Was bleibt ist die Panik. Schnell wird unter plötzlich entstehendem Druck, der ein oder andere überstürzte Verkauf getätigt. Geduld ist eben nicht immer ein Wort, das man einhält, wenn es ums eigene Geld geht.

Natürlich ist dies ein extremes Beispiel. Wenn viele Ungereimtheiten aufeinandertreffen, sollten Sie vor allem an eines denken: an Ihr eigenes Wohlbefinden.

Sie müssen immer, selbst mit Ihrem Investment im Gedanken, ruhig schlafen können. Zudem ist es unerlässlich, dass Sie den Notgroschen (im 1. Kapitel vorgestellt) als eiserne Reserve auf einem Geldmarktkonto hinterlegen. Damit müssen Sie niemals unter Druck an der Börse verkaufen.

VERMEIDEN DES KLUMPENRISIKOS

Die verschiedenen Anlageklassen wie Immobilien, Rohstoffe, Aktien oder Sparformen bei der Bank haben alle Ihre Vor- und Nachteile. Fest steht, dass Sie niemals auf nur eine Anlageklasse zählen sollten. Wer also alle Reserven ausschließlich in ETFs in Form von Aktien anlegt, trägt ein hohes Risiko. Ebenso stellt sich der Sachverhalt dar, wenn Sie nur Immobilienvermögen unterhalten. Auf der anderen Seite: Wer scin Geld auf Sparformen der Bank anlegt, vernichtet allein schon durch die Inflation sein Vermögen. Die Zinsen, die derzeit erwirtschaftet werden, liegen schließlich schon viele Jahre deutlich unterhalb der derzeitigen Inflationsrate. Das stellt eine pure Vernichtung Ihres Vermögens dar.

Sie finden zahlreiche Beispiele aus dem täglichen Leben, die suggerieren kein Klumpenrisiko einzugehen. Wir sollten ein ausgewogenes Leben führen, das viele Facetten mit sich bringt. Man muss Sport betreiben, eine ausreichende Menge Sauerstoff tanken und darf nicht zu viel und nicht zu wenig essen. Zudem ist es wichtig, Abwechslung in den Alltag zu bringen. Wenn ein Veganer völlig auf den Konsum von hochwertigem Eiweiß verzichten, liegt die Gefahr einer Fehlernährung auf der Hand. Ebenso wenig ist es gesund, nur von Fleisch oder Süßigkeiten zu leben oder einseitigen Sport zu betreiben.
Sie sehen: Das Glück liegt immer in der goldenen Mitte. Alle Extremitäten sind also auch in Sachen Vermögensanlage zu vermeiden.

Noch einmal zurück zum Thema Essen:
Trotz aller Feinheiten will jeder seine Vorlieben im Alltag ausleben. Sie werden einen Fleischliebhaber nie davon abbringen, ganz auf Geflügel und Steak zu verzichten. Das ist auch gut so. Und nun kommt der entscheidende Moment, den Sie in Sachen Risikotragfähigkeit verstehen müssen: Jeder Investor/in tickt ein wenig anders. Während dem einen Anleger/in 10 % Buchverlust nach unten völlig egal sind, bekommt ein anderer Depotinhaber/in schon bei einer Schwankung von 5 % kalte Füße. Viele Investoren/innen halten sich mit 50 % Aktienanteil Ihres Gesamtvermögens jahrelang in guter Laune. Andere Personen verspüren mit nur 10 % Anteil innere Unruhe und können kaum mehr schlafen.

Wichtig:
Finden Sie selbst heraus, welche Anlagestrategie zu Ihnen passt. Dies ist eine individuelle Angelegenheit!

DAS RISIKOPROFIL

Hier können Sie anhand von Tools Ihre persönliche Anleger-Mentalität kennenlernen und identifizieren.

Was jeder professionelle Berater mithilfe von Analyse-Gesprächen klärt, können Sie auch online errechnen lassen. Sie erfassen Ihr Einkommen, Ihre fixen Lebenshaltungskosten (Versicherung, Telefon, Nebenkosten, etc.), Ihr Gesamtvermögen, Ihren Erfahrungssatz beim

Thema Aktien und die Schwankungsbreite, die Sie tragen können. Aufgrund aller Kriterien, die Sie erfassen, kommt ein Ergebnis, sprich ein Musterportfolio (ein Portfolio ist der Korb, der ihre Anlagen widerspiegelt) zustande. Meist wird hier in Kuchendiagrammen vorgestellt, wie hoch der jeweilige Anteil der dementsprechenden Anlageklassen ausfallen sollte.

Mit diesem Muster-Depot fühlen Sie sich wohl. Nach diesem Ergebnis sollten Sie Ihre gesamte Vermögensstruktur aufbauen. So vermeiden Sie hohe Klumpenrisiken.

Zudem weisen moderne Tools aus, wie es ums monatliche Sparen bestimmt ist. Von Ihrem regelmäßigen Einkommen sollten Sie eine bestimmte Summe sparen. Professionelle Tools geben zudem Empfehlungen ab, wie Sie Ihre Altersvorsorge aufbauen sollten. Das gebundene Immobilienvermögen wird meist mit eingerechnet. Hierbei ist die Bildung von Rücklagen sinnvoll. Bei jeder Immobilie können schließlich Renovierungen oder große Instandhaltungskosten entstehen. Dabei ist es wichtig, diese Kosten aus den eigenen Reserven bedienen zu können. Hierzu werden Sie jedoch in einem weiteren Buche tiefgehender Informationen und Anleitungen finden.

Zudem spielt es eine Rolle, ob mit dem Einkommen eine Familie ernährt werden muss oder ob steuerliche Aspekte wichtig sind. Es macht einen Unterschied, ob ein Alleinverdiener mit einem Haus, das noch verschuldet ist, eine regelmäßige Kreditrate zu erbringen hat oder nicht. Singles müssen meist keinerlei Risiko-Absicherung für Familienmitglieder oder Haus- und Grundbesitz betreiben.

An diesen wenigen Beispielen aus der Praxis sehen Sie: Nichts ist so individuell wie Ihre finanzielle Situation. Deshalb empfehlen wir, dass Sie sich die Zeit dafür nehmen, Ihre Anlage-Struktur zu identifizieren. Dadurch lernen Sie Ihre Anleger-Mentalität kennen. Das macht die Entscheidung, wie Sie Ihr Vermögen eigenständig aufbauen, leichter, als willkürlich ETFs zu kaufen. So müssen Sie nicht zu einer Bank gehen, die Sie vielleicht nicht ganz neutral berät. Sie werden sich selbst besser kennenlernen und können jährlich Selbsttests durchführen. Diese zeigen, mit welcher Geldanlage Sie sich auf Dauer wohlfühlen werden.

Tipp #4:
Beginnen Sie jetzt mit der Risikoanalyse! Nehmen Sie sich bitte Zeit, alle Fragen in Tools genau zu beantworten. Außerdem sollten Sie jedes Jahr Ihren Analyse-Bogen, der von verschiedenen Webseiten oder Finanzhäusern angeboten wird, erneuern. Neue Lebensumstände oder Veränderungen in Job und Vermögen erfordern, die Situation mit anderen Augen zu betrachten.

DAS MAGISCHE DREIECK DER VERMÖGENSANLAGE

Folgende drei Elemente sind wichtig, damit eine vernünftige Vermögensstruktur ermittelt werden kann:

- Sicherheit
- Liquidität (Verfügbarkeit)
- Rentabilität

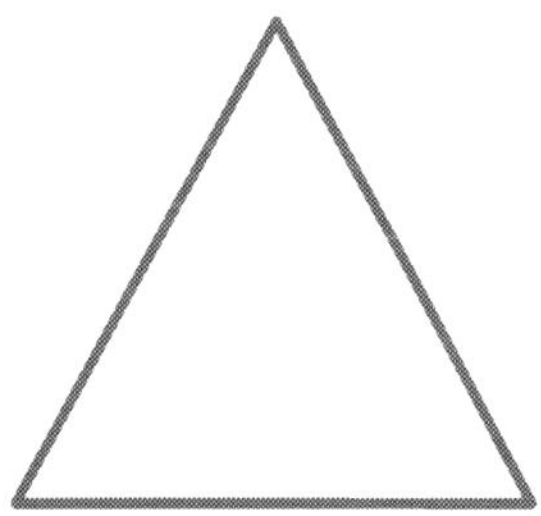

Sie können sich diese drei Elemente als große Gegensätze vorstellen. Jeder der drei Faktoren zieht an einem anderen Strang. Alle drei Punkte sind für die Geldanlage aber wichtig.

Die Sicherheit geht zulasten der Rendite, da Risiko und Rendite immer einhergehen.

Wer auf Dauer viel Rendite erwirtschaften möchte, kann nicht frei nach Willkür über das Vermögen verfügen, da es in irgendeiner Form gebunden ist.

Wer liquide sein möchte, muss damit einverstanden sein, dass er keinen Vermögenszuwachs erzielt, da das Geld verfügbar sein muss.

Das Dreieck wird von vielen Banken eingesetzt. Schnell wird dem Anleger/in bewusst: Die „Eier legende Wollmilchsau“ gibt es nicht! Eine vernünftige Anlegestruktur passt zur jeweiligen Situation und zur Persönlichkeit des Investors. Sie geht darauf ein, mit welchem Risiko der Depotinhaber gut leben kann.

Mit Ihrem persönlichen Risiko-Selbsttest können Sie somit herausfinden, mit welcher Anlage Sie sich wohlfühlen. Ihre persönliche Strategie sollte langfristig ausgerichtet sein.

Aufgrund der Testergebnisse können folgende Muster-Portfolios entstehen.

Diese hier beispielhaft vorgestellten Strukturen können, je nach Tool, Abweichungen zeigen. Deshalb sollten Sie sich stets mit einem Portfolio anfreunden, das Sie gut verstehen. Zudem arbeitet jeder Anbieter mit völlig individuellen Vorstellungen des Portfolios. Deshalb wird in dieser Aufstellung das Ergebnis nach dem Risiko-Selbsttest nur sehr vereinfacht dargestellt.

Der konservative Anleger/in

10 – 40 %	Immobilien
ca. 60 % – 80 %	Sparformen herkömmlicher Art inkl. Liquidität
max. 10 %	Aktien oder Rohstoffe

Der wachstumsorientierte Anleger/in-Erfolg

0 – 40 %	Immobilien
ca. 30 % – 50 %	Sparformen herkömmlicher Art inkl. Liquidität
max. 30 %	Aktien oder Rohstoffe

Der chancenorientierte Anleger/in

0 – 30 %	Immobilien
10 – 30 %	Sparformen herkömmlicher Art inkl. Liquidität
max. 70 %	Aktien oder Rohstoffe

Der riskante Anleger/in oder Spekulant/in

max. 20 %	Immobilien
max. 30 %	Liquidität, nur kurzfristig für neue Sachwertanlagen
max. 90 %	Aktien oder Rohstoffe

Diese Muster-Analysen können, je nach Anbieter, verändert werden. Meist sind die Risiko-Selbsttests gratis durchführbar. Wer sich ein wenig Zeit dafür nimmt, herauszufinden, mit welcher Anlage er sich auf Dauer wohlfühlt, geht auf Nummer sicher. Wenn es um Ihr Vermögen geht, sollten Sie nichts dem Zufall überlassen! Wenn Sie heiraten, sich scheiden lassen oder sich am Job etwas ändert (Einkommen), lohnt es sich, erneut eine Vermögensanalyse zu machen.

> Tipp #5:
> Die Anlageklassen Aktien oder Rohstoffe können Sie hervorragend mit ETFs abdecken. Wer den börsennotierten Fonds einkauft, minimiert weiterhin das Risiko. Streuen Sie Ihr Vermögen mit nur einem einzigen Produkt. Das ist im ETF möglich. Je mehr Aktien sich in einem Warenkorb befinden, desto besser die Diversifikation innerhalb dieses Sachwerts.

AUF DEN PUNKT GEBRACHT:

Tragen Sie das Risiko, mit dem Sie sich wohlfühlen. Bedenken Sie den Spruch: „Wer gut streut, rutscht nicht aus!“. Sie selbst sind dafür verantwortlich, Ihr Depot so aufzustellen, wie Sie sich wohlfühlen. Denken Sie an Ihre eiserne Reserve für unvorhergesehene Ausgaben.

Bitte lassen Sie das monatliche Sparen auch beim Thema Altersvorsorge für sich arbeiten. Information ist zudem die halbe Miete für einen professionellen Vermögensaufbau.

Informieren Sie sich anhand seriöser Quellen wie FAZ, Handelsblatt, Finanztipp und Co. Glauben Sie außerdem nicht alles, was Ihnen erzählt wird und sammeln Sie selbst Ihre Erfahrungen in den Märkten. Wer sich zu Beginn mit kleinen Summen in ETFs engagiert, kann kaum große Verluste einfahren. Bedenken Sie stets, dass Ihr Investment zu Ihnen passen muss.

Das klingt alles leichter gesagt als getan. Geldanlage ist eine Herausforderung – auch wenn es um ETFs geht. Meistern Sie diese Herausforderung und es wird Sie in Ihrer persönlichen Entwicklung weiterbringt.

Nutzen Sie Ihre Zeit, damit Sie Ihr Vermögen für sich arbeiten lassen. Wer dabei ruhig und gelassen bleibt, hat die Eintrittskarte für ein finanziell sorgenfreies Leben schon gesichert.

„Geld allein macht nicht glücklich.
Es gehören auch Beteiligungen, Gold und Grundstücke dazu.“

- Zitat von Danny Kaye, Komiker –

DIVERSIFIKATION

Ein Zauberwort, das Sie bei der gesamten Vermögensplanung beachten sollten!

Sie sind ein wenig verwirrt, welche Möglichkeiten der ETF-Anlage der Markt bietet?

Keine Sorge – es klingt vermutlich ein wenig komplizierter als es ist. Wer sein Vermögen gut streut, indem er verschiedene Märkte, Währungen und Branchen nutzt, kann kaum ausrutschen. Es ist, wie immer im Leben: Das Glück liegt in einer guten Mischung. Je breiter Sie in Ihrer Anlage-Struktur aufgestellt sind, desto geringer Ihr Risiko!

Denken Sie an einen Winter mit Eis und Schnee. Hier hat sich die These „Wer streut, rutscht nicht aus", wie bereits erwähnt, mehr als gut bewährt.

Auf den Punkt gebracht:

Beginnen Sie ruhig mit einer breiten Streuung. Der MSCI World ist ein breit aufgestellter Index. Er umfasst Branchen, Währungen und diverse Risiken ganz automatisch über die ganze Welt. Als Neuling an der Börse ist es durchaus sinnvoll, monatlich in einen solchen ETF zu investieren.

5. DIE ETF AUSWAHL

Nachdem Sie jetzt bestimmt Lust haben, endlich in die Umsetzung zu kommen, noch eine der essenziellsten Dinge: Die Auswahl Ihrer ETFs. Hier steht Ihnen natürlich jegliche nur denkbare Strategie zur Verfügung. Jedoch sollten Sie im Hinterkopf behalten, was Sie bis jetzt gelernt haben.

Doch bevor wir mit der Recherche beginnen, müssen Sie noch etwas machen, nämlich Ihre Sparrate erörtern.

Um dies zu machen, können Sie entweder online einen Sparratenrechner suchen oder eine Tabelle mit Ihren monatlichen Einnahmen und Fix-Ausgaben erstellen. Den verbleibenden Wert können Sie aufteilen wie Sie möchten… Doch Sie wissen nun bereits, was das Klügste wäre.

Tipp #6:
Falls Sie gerade Angst bekommen, dass Sie die gewählte Sparrate nicht einhalten können: Sie sind immer noch flexibel. Sie können den Sparplan jederzeit pausieren, aussetzen oder ändern.

Der Grund, weshalb Sie zuerst die Sparrate berechnen sollten, ist, dass es bei geringen Beträgen wenig Sinn macht in 10 ETFs zu investieren.

Sie fragen sich, wieso denn nicht? Die Antwort lautet: Gebühren und Mindestsparbetrag. Erstens sind nicht alle ETFs kostenfrei zu besparen (die Order ist nur für manche kostenlos) und zweitens gibt es bei fast allen ETF-Sparplan-Anbietern meist einen Mindestsparbetrag von 25 €.

Aufgrund dessen gelten allgemein die folgenden Beispiele als angemessen:

1. Sie sparen 50 Euro monatlich an ohne ein bestimmtes Vorhaben oder das Vorhaben ein kleines Vermögen anzuhäufen. Nun stellt sich die Frage, aber wie könnte ich diese 50 Euro monatlich investieren?

   In diesem Falle lohnt es sich nicht, eine große Diversifikation in verschiedene ETFs vorzunehmen. Am besten investieren Sie hiermit in den MSCI World. Hier erreichen Sie eine weltweite, flächendeckende Streuung und nehmen allgemein an der Marktentwicklung teil.

2. Sie möchten 100 Euro monatlich sparen. Sie sind 30 Jahre alt und möchten möglichst innerhalb der nächsten Jahre die optimalen Erträge einnehmen oder besser noch für Ihre Rente vorsorgen? Sie planen gegebenenfalls die Familiengründung und möchten deshalb erst mal klein beginnen? Was bietet sich in diesem Beispiel an?

   Die Aufteilung von 100 Euro könnte wie folgt aussehen: Sie sparen 50 Euro in den MSCI World für eine breite Streuung und 50 Euro in die Emerging Markets, die aufstrebenden Märkte. Sie wissen, dass die Schwellenländer große Wachstumschancen bieten. Dennoch möchten Sie nicht alles auf diesen Wert setzen. Deshalb diversifizieren Sie. Es wäre auch denkbar, dass Sie an deutschen Werten interessiert sind. Deshalb kaufen Sie lieber einen ETF mit hinterlegtem DAX, anstatt in die Emerging Markets zu investieren.

3. Sie haben 200 Euro im Monat zur Verfügung, die Sie clever anlegen möchten? Von ETFs sind Sie begeistert und denken, dass diese Märkte

die Zukunft sind. Es gibt ohnehin kaum mehr Zinsen auf Lebensversicherungen. (Anmerkung: Viele Versicherungen arbeiten mit Produkten, bei denen Fonds hinterlegt sind, um die Performance zu verbessern). Wie könnten Sie Ihre Sparrate aufteilen?

200 Euro pro Monat sind schon eine stolze Summe. Hierbei wäre ein Grundanteil des MSCI World gut. Weiters könnten Sie in DAX, EURO STOXX 50 oder Emerging Markets anlegen. Mit der übrigen Summe können Sie einen spezifischeren ETF oder auch Rohstoffe wie Gold oder Silber besparen. Sie sehen: So bewahren Sie den Überblick und streuen Ihr Vermögen nach bestem Gewissen.

4. Sie sind 40 Jahre alt und planen, endlich mit dem Sparen zu beginnen. Schließlich verdienen Sie jetzt ein ansprechendes Gehalt und sind interessiert daran, möglichst hohe Rücklagen zu bilden. Ihnen ist klar, dass sich ab 400 Euro pro Monat eine größere Diversifikation lohnt. Dennoch sind Sie unsicher, wie Sie die Rate aufteilen sollen. Welche Empfehlung wäre ein guter Plan?

400 Euro ist eine hohe Rate, die Sie ruhig in 4 oder 5 einzelne Bausteine aufteilen können.

Aktienindizes wie MSCI World, S&P 500, Emerging Markets, DAX oder EURO STOXX 50 eignen sich ebenso wie ein Investment in Nikkei oder den Dow Jones. Nebenbei ist anzuraten, in einen Rohstoff-ETF zu investieren und gegebenenfalls einen Immobilie REIT hinzuzuziehen. Informieren Sie sich im Vorfeld über die Märkte. Bodenständige Rohstoffe wie Gold oder Silber sind oft in der Wertentwicklung einfacher abzusehen als Holz oder Mais. Auch hier gilt: Wer sich grundlegend über die Preisentwicklung informiert, kann auf Dauer kaum falsch liegen. Ein Beispiel wäre 100 € in die Emerging Markets, 100 € in einen europäischen Index, 100 € in einen amerikanischen und den Rest in Immobilien-ETFS oder Rohstoffe zu investieren.

5. Sie sind frisch gebackener Vater oder frisch gebackene Mutter und sind gewillt für Ihr Kind anzulegen. Sie sind unsicher, ob es sich lohnt, ein Depot für Minderjährige zu eröffnen oder in Ihrem Namen anzulegen? Welche Möglichkeiten bieten sich in diesem Beispiel?

   Grundsätzlich können Sie die Aufteilung wie in den vorherigen Beispielen vornehmen. Die Märkte, die Sie am meisten überzeugen, sind oft auch die richtigen. Ein Depot für Minderjährige können Sie unter der Zustimmung beider gesetzlicher Vertreter eröffnen. Die Steuerpflicht gilt für das minderjährige Kind, also den Depotinhaber. Meist unterliegen Kinder gar keiner Steuerpflicht, da sie sonst keinerlei Einkommen erzielen, weshalb Sie so die Steuerzahlung umgehen. Ihnen sollte klar sein, dass ein ETF für Kinder auch als Vorsorge fürs Studium oder das erste Auto eine gute Idee darstellt. Ein solider Aktien-ETF bietet für Kinder lukrative Aussicht auf Rendite. Zur Beimischung sind Rohstoffe und Edelmetallen auf Ihren Namen eine gute Alternative, mehr aus dem Vermögen zu machen.

An diesen Möglichkeiten sehen Sie: Es ist nicht schwer, den passenden ETF zu finden. Streuen Sie, ohne sich zu verzetteln. So stehen die Chancen gut, auf Dauer in Vermögen anzuhäufen.

„Es ist besser, einen Tag im Monat über sein Geld nachzudenken, als einen ganzen Monat dafür zu arbeiten.“

- Zitat von John Davison Rockefeller –

Sie sehen: Es lohnt sich allemal, sich mit der richtigen Anlagestrategie auseinanderzusetzen. Gehören Sie zu den klugen Menschen dieser Gesellschaft? Dann nehmen Sie es nicht länger hin, Ihr Geld durch die Inflation schrumpfen zu sehen. Mit diesem Buch haben Sie bereits den Ersten und entscheidendsten Schritt getan. Beginnen Sie am besten nach Kapitel 7 das Gelernte in die Tat umzusetzen.

„Erfolg hat drei Buchstaben: TUN!“

- Zitat von Johann Wolfgang von Goethe -

Doch weiter im Kontext. Wenn Sie selbst tiefer in die Materie tauchen wollen, dann machen Sie es wie ich damals: Lesen Sie sich ein (was Sie mithilfe dieses Buches viel effizienter können, als ich selbst damals) und starten Sie!

> Tipp #7:
> Ich konnte anfangs nur 50 € pro Monat zurückzulegen und habe trotzdem meine persönliche Auswahl getroffen. Anschließend erstellte ich einen vierteljährlichen Sparplan, um Transaktionskosten (Kosten pro Ein- / Verkauf) zu sparen und trotzdem in unterschiedliche ETFs zu investieren.

Doch wie gehen Sie nun an die Sache ran?

Zuerst möchte ich Ihnen die Tools und Seiten vorstellen, mit denen Sie den nötigen Überblick bekommen und die für Sie idealen ETFs finden.

Hierzu können grundsätzlich verschiedene Quellen verwendet werden. Allerdings gibt es permanent neue Ideen, die wie Pilze im Internet wachsen. Deshalb lohnt es sich auch selbst bei Google nachzusehen und auf dem Laufenden zu bleiben.

Eine solide Seite ist zum Beispiel just.etf.de. Doch auch extraetf.de oder etf.com sind seriöse Anbieter, die gute Möglichkeiten bieten, den für Sie richtigen ETF zu finden. Des Weiteren gibt es noch die Seiten der unterschiedlichen Anbieter, jedoch enthalten diese nur Ihre eigenen Produkte. Klicken Sie durch die Seiten und finden die, die zu Ihnen passt.

In Sachen Analyse der technischen Daten gibt es außerdem zahlreiche Seiten wie finanzen.net oder boerse.de. Diese Seiten spezialisieren sich nicht nur auf den börsennotierten Fonds. Verbringen Sie ein wenig Zeit im Netz, damit Sie selbst ein Urteil fällen, welches Website-Portfolio zu Ihnen passt.

Tipp #8:
Es gibt bei zahlreichen Anbietern Möglichkeiten, Simulationen von eigens zusammengestellten ETF-Portfolios darzustellen. Mit diesen fiktiven Zahlen gelingt es manchem Interessenten, eine Entscheidungshilfe zu bekommen. Außerdem können Sie anhand von Muster-Depots vom Erfahrungsschatz diverser Finanzprofis profitieren. Unabhängig arbeitende Seiten kosten Sie keinen Cent und vermitteln Ihnen den Deal, hinter dem Sie stehen können. Während Banker oft nur ihre Produkte an den Anleger/in verkaufen möchten (bzw. müssen), sollten Sie sich selbst eine objektive Meinung bilden. Zugegeben: Das kostet etwas Zeit und Mühe. Dafür sparen Sie sich jede Menge an Gebühren und können stolz auf sich sein, wenn Sie Ihr Wissens-Spektrum erweitert haben!

STRATEGISCHE VORLAGE

Eine Strategie, die sich in meinem Fall über die letzten Jahre deutlich bewährt hat, war eine breite Streuung. Was Sie darunter verstehen sollten, erfahren Sie nun.

1. Der Inhalt des ETFs

In erster Linie müssen Sie festlegen, welchen Typ von ETF sie wählen. Zur Auswahl gibt es wie bereits erwähnt die folgenden:

Aktien-ETFs

In diesem Korb sind Anteile diverser Unternehmen hinterlegt. Viele Neulinge bei Fonds entscheiden sich für den MSCI World und das völlig zurecht.

Rohstoff-ETFs

Sie basieren auf unterschiedlichen Gütern und sind eine gute Beimischung für jedes Depot. Der Preis von Gold, Silber und Co kann jedoch ebenso schwanken wie der von Aktien.

Immobilien-ETFs (REITs)

Viele Anleger/innen bauen auf den Immobilienmarkt. Auch dieser ETF hat seine Berechtigung, wenn Sie nicht direkt in ein Objekt investieren können oder wollen. Sie können bereits mit geringen Beträgen investieren und müssen nicht gleich ein Darlehen aufnehmen um Ihren Portfolio-Anteil zu erwerben.

2. Die Sektorenwahl

Da Rohstoff und Immobilien-ETFs zuvor schon erklärt wurden, wird hier weiter auf den Aktien-ETF eingegangen. Hier stellt sich die Frage: Welche Branche hat gute Zukunftsaussichten. Es kommen zum Beispiel Telekommunikationstechnik, Konsumwerte und Online-Unternehmen infrage. Doch da Ihnen das niemand genau sagen kann, ist auch hier einiges an Recherche notwendig.

Einige weitere Sektoren könnten etwa sein:

- Nahrungsmittelaktien
- Automobilwerte
- Technikaktien
- Finanzaktien
- Energie
- Wasseraktien
- Rohstoffproduzenten
- …

Haben Sie sich entschieden, geht es einen Schritt tiefer in der Hierachie.

> Tipp #9:
> Sie können bei großen Websites meist sogar die einzelnen Sektoren auswählen, ohne lange recherchieren zu müssen.

3. Die Länder und Regionen

Wie bereits mehrfach erwähnt, ist es wichtig seine Anlage zu streuen – Stichwort Klumpenrisiko.

Investieren Sie nur in ein Land oder eine Region, haben Sie ein Problem, wenn es landesspezifischen Problemen wie etwa Terroranschlägen, sozioökonomischen Krisen oder anderen kommen sollte.

Tipp #10:
Sie können auf den Seiten der ETF Anbieter über die Produktbeschreibung zumeist ein Kuchendiagram finden, welches die regionale Aufteilung zeigt. Versuchen Sie, keine Überbelastung einer Region zu bewirken.

4. Growth vs Value bzw. Large / Mid / Small Cap

Je nach wirtschaftlicher Lage können Sie sich selbst Ihr eigenes Urteil darüber bilden, wie Sie Ihre Prioritäten setzen. Grundsätzlich sollte der Großteil aus Large Cap Aktien bestehen. Wie die Growth- und Value-Verteilung darin aussieht, spielt bei diesen eine untergeordnete Rolle. Je tiefer Sie in der „Rangordnung“ der Marktkapitalisierung gehen, desto riskanter werden Growth-Aktien, da Sie natürlich auch ein größeres Potenzial haben. Behalten Sie dies stets im Hinterkopf.

Tipp #11:
Auch hier gibt es die Möglichkeit, spezifisch nach der Marktkapitalisierung, der im ETF enthaltenen Werte, zu sortieren.

Der Vollständigkeit halber sind hier noch Dividenden-ETFs zu erwähnen. Diese spezialisieren sich auf Werte, welche in der Vergangenheit relativ hohe Dividenden bezahlten. Sollten Sie also Interesse daran haben, jährlich eine Auszahlung zu erhalten, informieren Sie sich gerne darüber.

Haben Sie sich nun für eine ETF-Nische entschieden, werden Sie bald bemerken, dass es dutzende Angebote für den scheinbar gleichen Inhalt gibt. Der Grund hierfür sind unterschiedliche Herausgeber oder Versionen. Was es dabei zu beachten gibt, besprechen wir jetzt.

> Tipp #12:
> In Bezug auf den ETF können Sie nun getrost sagen: „Der Preis spielt keine Rolle!". Grund hierfür ist, dass Sie bei einem Sparplan die Freiheit haben, Bruchteile zu kaufen. Sie bekommen zum Beispiel für 50 Euro 0,739 ETF-Anteile, natürlich abhängig vom Kurs. Sie müssen keine ganzen Anteile kaufen!

TECHNISCHE ANALYSE VON ETFS

Mag sich kompliziert anhören, doch nicht mehr lange. Wie bei allen Produkten, gibt es unterschiedliche Eigenschaften, welche Sie beachten müssen.

Physische Replikation vs. Synthetische Replikation

Für die Nachbildung (Replikation) von weltweiten Indizes werden verschiedene Methoden verwendet.

Ist ein ETF physisch replizierend, so werden die Werte eins zu eins in denselben Verhältnissen wie im Index eingekauft. Das bedeutet ein Anteil des ETFs hat genau dieselbe Zusammensetzung wie der Index. Das ist die fairste und objektivste Technik, die allerdings nicht immer möglich ist. Vor allem bei sehr breiten, international ausgerichteten Indizes oder illiquiden (wenig gehandelten) Märkten stoßen vollständig replizierende ETFs an ihre Grenzen.

Die synthetische Replikation bietet hier die Lösung. Darunter versteht man ein Tauschgeschäft, welches der ETF-Herausgeber mit einem Finanzinstitut eingeht. Er kauft spezielle Werte aus dem Index und verspricht der Bank die eingenommene Rendite, gegen die des zugrundeliegenden Indizes, zu tauschen. Da man über diese sogenannten SWAP-ETFs ein eigenes Buch schreiben könnte, wird hier nicht weiter darauf eingegangen.

Tipp #13:
SWAP-ETFs sind teilweise günstiger als physisch replizierende, da vor allem der Handel an kleinen Börsen schwieriger ist. Aufgrund dessen fallen auch mehr Gebühren an (Börsen in Schwellenländern sind unzuverlässiger, …). Jedoch ist das Vermögen in den meisten Fällen gegen das Emittenten-Risiko (Risiko eines Ausfalls des Handelspartners) versichert. Werfen Sie dazu jedoch unbedingt einen Blick in die Produktbroschüre.

Thesaurierend vs. Ausschüttender ETF

Seltsames Wort, denken Sie sich wohl. Lassen Sie mich erklären, worum es sich bei den beiden Methoden handelt. Wie bereits besprochen, schütten einige Unternehmen einen Teil ihres Gewinns als Dividende aus. Das bedeutet, ETF-Herausgeber bekommen jährlich eine Dividende, welche Ihnen zusteht. Nun können Sie jedoch wählen, ob der ETF diese Dividende direkt wieder anlegen soll, oder ob Sie eine Ausschüttung erhalten wollen.

Bis Anfang 2018 hat dies einen entscheidenden Unterschied bei der steuerlichen Betrachtung gemacht, doch dazu am Ende dieses Kapitels mehr.

Da es ansonsten kaum Unterschiede der beiden Formen gibt, können Sie frei wählen. Wollen Sie einen kleinen Teil Ihres Gewinns sehen, oder diesen nutzen, um Ihr Vermögen weiter aufzubauen?

Total Expense Ratio (TER)

Achten Sie auf diese Kennzahl, sie kostet Sie bares Geld. Das TER beschreibt die Gesamtkostenquote, die jährlich für den Fonds anfällt. Das bedeutet, je höher diese ist, desto geringer wird Ihre Performance ausfallen.

> Tipp #14:
> Normalerweise sollte das TER zwischen 0,1 % und 0,3 % liegen, in manchen Fällen darf es auch höher sein. Verglichen mit den durchschnittlichen 1-3 % bei aktiv gemanagten Investmentfonds ist dies jedoch günstig. In manchen Jahren würde die Hälfte Ihrer Rendite an den netten Herrn Manager gehen, doch nicht beim ETF.

Der Emittent und das Fondsvolumen

Konzentrieren Sie sich auf Emittenten (Herausgeber) von ETFs, mit denen Sie sich wohlfühlen. Es gilt jedoch im Grundsatz: Je größer der Emittent, desto seriöser und geringer das Ausfallrisiko!

Ein paar Beispiele bereits bestehender Anbieter:

- ComStage
- Black Rock
- BNP Paribas
- Easy
- UBS
- …

Doch auch das Fondsvolumen spielt eine gewisse Rolle. Sollte der Fonds bei dem Anbieter eine zu geringe Nachfrage haben, so kann es sein, dass bestimmte ETFs aufgelöst werden. Sie werden dadurch wahrscheinlich keinen Verlust machen, jedoch wird es Ihnen Umstände bereiten, weshalb es sich lohnt die Größe des ETFs mit anderen des Finanzinstitutes zu vergleichen.

> Tipp #15:
> Nach Expertenmeinung wird davon ausgegangen, dass ein ETF erst ab einem Fondsvolumen von 50 Mio. Euro wirtschaftlich betrieben werden kann.
> Quelle: extraetf.com/wissen

DIE PRODUKTBROSCHÜRE

Sie haben sich bestimmt gefragt, wo Sie diese Daten nun herbekommen sollen. Die Antwort ist: Aus der

Produktbroschüre. Hier finden Sie alles bisher Genannte und auch das altbekannte „Kleingedruckte“. Sie können sich in dieser wichtigen Sammlung nochmals genau über die Chancen und Risiken bewusst werden, die Sie mit dem Kauf des ETFs eingehen. Außerdem sind in der Broschüre alle Kosten aufgelistet, damit Sie zu 100 % wissen, welches Produkt Sie kaufen. Speichern Sie sich diese Broschüre am besten anhand einer PDF-Datei ab. Sie dient als gutes Nachschlagewerk, wenn Sie langfristig sparen und eine Evaluation durchführen.

DER CHART

Nun gibt es noch ein paar Grundlagen zur technischen Analyse. Der Chart gilt als Handwerkszeug, das nahezu alle Investoren/innen verwenden. Dass dies nicht das alleinige Kriterium zur Kaufentscheidung darstellt, ist Ihnen nun sicherlich bewusst. Dennoch sollte Ihnen klar sein, dass sich weltweit alle Investoren/innen auf die Signale, die im Chart eingezeichnet sind, konzentrieren. Deshalb werden computergestützte Programme automatisch kaufen oder verkaufen, wenn bestimmte Widerstände oder Unterstützungen durchbrochen werden. Sie können sich etwas in die Thematik einlesen und die Performance ähnlicher ETFs vergleichen.

Vergessen Sie allerdings nie: Durch den Chart betrachten Sie die Vergangenheit.

Somit dürfen Sie sich folgendes Beispiel vorstellen: Sie sitzen im Auto. Hierbei sehen Sie immer wieder in Rück- und Seitenspiegel. Schließlich müssen Sie wissen, was rund um Sie und hinter Ihnen passiert. Alle Autofahrer benötigen also diese Hilfsmittel, damit sie richtig ausscheren beim Überholen und die Verkehrslage klar im Blick behalten. Dennoch muss jeder vernünftige Fahrer durch die Frontscheibe blicken. Sie ermöglicht die Sicht auf die Dinge, die vor ihm im Verkehr passieren. Es ist also stets notwendig, dass jeder verantwortungsvolle Fahrzeugführer nach vorne blickt. Das Gesamtwerk der Betrachtung spielt eine wesentliche Rolle, damit man unfallfrei durchs Leben kommt.

„Durch den Rückspiegel sieht man immer klarer als durch die Windschutzscheibe."

- Zitat von Warren Buffett -

So sollten Sie auch die Aussage eines Charts sehen: Er zeigt Ihnen lediglich, was in der Vergangenheit passiert ist. Der Blick in die Zukunft ist bei Ihrer ETF-Auswahl aber ebenso wichtig. Es ist das Gesamtwerk der Analyse, das Sie bei der Auswahl der richtigen ETFs im Auge behalten müssen!

FAZIT

Wichtig für Sie als Anleger/in ist, dass Sie einen Fonds kaufen, den Sie verstehen. Zudem erfordert es ein wenig Kompromissbereitschaft. Den perfekten ETF gibt es (noch) nicht. Sie können sich nur dann in den Markt einkaufen, wenn Sie Ihrer Anlageentscheidung Vertrauen entgegenbringen.

Das „wäre, sollte, hätte, könnte..." bringt uns im Leben nicht weiter. Irgendwann einmal muss man Entscheidungen treffen, die überlegt sind. Erst im Nachgang kann der Anleger/in feststellen, ob die Entscheidung richtig oder falsch war. Selbst bei Fehlentscheidungen müssen Sie wissen: diese gehören zum Leben dazu. Daraus lernen Sie. Es gibt keinen erfahrenen Börsianer, der noch niemals Fehlentscheidungen getroffen hat. Die Alternative zum ETF ist eine Welt ohne Zinsen. Möchten Sie wirklich darin leben?

> Tipp #16:
> Sie kaufen sich neu in ETFs ein? Investieren Sie zuerst kleine Summen. Achten Sie darauf, nicht auf Ihre Reserven zurückzugreifen. Zumindest die nächsten 5-10 Jahre sollte das Geld in Form von Sachwerten für Sie arbeiten dürfen. Blicken Sie nicht jeden Tag auf Ihren Depotauszug. Finden Sie im monatlichen Sparen eine Möglichkeit, auf Dauer einen guten Kurs zu erzielen.

6. DER ETF SPARPLAN

Worin besteht der große Vorteil eines Sparplanes in Form vom ETF? Sie können die Rate jederzeit verändern oder löschen. Sie ist nicht verpflichtend. Die entstehende Gebühr hängt von der Summe ab, die Sie zur Seite legen aber auch vom Sparplan-Anbieter. So gibt es Seiten, bei denen Sie für bestimmte ETFs keine Transaktionsgebühr zahle. Insofern werden Sie fast nichts falsch machen, so bald wie möglich mit dem monatlichen Sparen zu beginnen.

DIE GRUNDLEGENDE SYSTEMATIK

In diesem Kapitel geht es um ein paar grundsätzliche Faktoren, die beim Sparen wichtig sind. Gehen Sie nach folgenden Schritten vor, denn diese Systematik bewährt sich in jedem Alter.

1. Wählen Sie die richtige Sparrate aus. Bedenken Sie, dass Sie die Rate immer verändern können. Auch die Anlage in verschiedene Depots ist

möglich. Sie denken, Sie haben kein Geld zum Sparen? Überprüfen Sie Ihre Ausgaben. Ist wirklich alles notwendig, was Sie nach Gehaltsbuchung ausgeben?

2. Es ist nicht nur möglich, monatlich zu sparen! Sie können vierteljährlich, halbjährlich oder sogar jährlich sparen. Für alle Leute, die wenig Geld im Monat übrig haben wie Schüler und Studenten: Sparen Sie 50 Euro im Vierteljahr. Das sind etwas mehr als 15 Euro pro Monat. Diese Summe müsste sich jeder leisten können, wenn er wirklich will. Die Geschichte zeigt: Wer in jungen Jahren mit dem Sparen beginnt und den Zinseszinseffekt nutzt, legt auch als Gutverdiener regelmäßig an. Bitte erziehen Sie sich selbst möglichst in jungen Jahren zum Sparen!

3. Wählen Sie den Broker, der zu Ihnen passt. Sie können zu Beginn auch mit dem Wertentwicklungsrechner verschiedene Modelle simulieren. Zudem gibt es Demo-Kontos, mit denen Sie üben können.

4. Manchmal sind gemeinsam getroffene Entscheidungen die besten. Wer möchte, kann das Sparen zu einem Hobby gestalten. Weihen Sie Partner, Freunde oder andere Vertraute ein. Verfolgen Sie gemeinsam ETFs. Vom objek-

tiven Ideenaustausch kann jeder Investor/in profitieren. Auch die großen Bankhäuser entwickeln in Meetings gute Mindsets. Bitte lassen Sie sich niemals von Emotionen leiten. Sachlichkeit hat sich bei der Geldanlage mehr als oft bewährt. Und das geht im Team noch einmal leichter als allein.

5. Verfolgen Sie die Wertentwicklung nicht täglich! Es lohnt sich, alle paar Monate oder zumindest einmal jährlich aufs Depot zu blicken. Was ist, wenn die Kurse purzeln? Überlegen Sie sich, zu Schnäppchenpreisen Ihre Sparrate zu erhöhen und denken Sie an Ihr langfristiges Ziel.

Für Sie als Investor/in ist auch wichtig: Sie können einen Sparvertrag in einer fixen Summe von 50 oder 100 Euro anlegen. Es werden Stückelungen von ETFs gekauft, damit Sie stets die gleiche Summe ansparen. Die Kursnotiz eines ETFs stellt also nicht die Summe dar, die Sie anlegen müssen, sondern gibt Auskunft, wie viele Anteile sie bekommen.

WORAUF ES ANKOMMT

Während Banken mit ihrem breit ausgebauten Filialnetz oft teure Gebühren verlangen, ist das Online-Depot meist deutlich günstiger. Doch, auch unter den zahlreichen Anbietern wie ComDirect, ING-DiBa und Co sollten Sie im Vorfeld die Gebühren vergleichen. Schließlich müssen die Transaktions- und Kontoführungsgebühren, von der Brutto-Wertentwicklung abgezogen werden.

Doch welche Rolle genau spielen die Gebühren und wie können Sie die Performance Ihrer Anlage berechnen?

Wertentwicklung nach Abzug der Transaktionskosten
- Gebühren fürs Depot und Analyse-Tools
- entstehende Steuer für Erträge

= Performance netto

Renommierte Online-Banken bieten Ihnen in jedem Jahr einen Depotauszug an. Hier werden die Ergebnisse sowie alle Transaktionen in den meisten Fällen genau aufgelistet.

Tipp #17:
Viele Online-Banken bieten einen Neueinsteiger-Bonus an, wenn Sie Ihr Depot zu ihnen übertragen. Erkennen Sie, welche Bank zu Ihnen passt und wo es sich lohnt Schnäppchen zu machen.

Flatex oder ComDirect bietet solide Depots, ebenso wie die ING-DiBa und einige mehr. Der Preisvergleich allein macht jedoch einen guten Anbieter nicht aus. Bei manchen ist es möglich, im Notfall einen Ansprechpartner am Telefon zu haben. Bei der ING-DiBa zum Beispiel können Sie zu allen Tageszeiten einen Berater sprechen – sogar am Wochenende. Diese Berater sind auch schnell und einfach erreichbar. Vor allem, wenn es zu technischen Störungen kommt, ist es sinnvoll, einen Ansprechpartner vor Ort zu kontaktieren.

Letztendlich sollten Sie selbst entscheiden, welcher Anbieter zu Ihnen passt und nicht vergessen, dass dies nur die bisher bestehenden Anbieter sind und ständig neue in das Business einsteigen.

Tipp #18:
Die bekanntesten deutschen Top-Anbieter sind:

- ComDirect
- ING-DiBa
- Flatex
- Consorsbank
- …

In Österreich ist die Auswahl leider etwas kleiner:

- Flatex
- Hellobank
- DADAT
- …

Bevor es zur Ordererteilung kommt, muss natürlich ein Depot vorhanden sein. Dies können Sie meist online in einfachen Schritten eröffnen. Die Verifizierung erfolgt per Video, Post oder Überweisung. Wollen Sie so schnell wie möglich starten, halten Sie also den Personalausweis bereit, damit Sie richtig legitimiert werden können. Dies dient zu Ihrer eigenen Sicherheit und ist einfacher als man sich vorstellt.

Ist das Depot eröffnet und haben Sie ihre Zugangsdaten erhalten (das geht meist innerhalb 1 bis 7 Tage), können Sie Ihre Order erfassen. Nun stelle ich Ihnen vor, was Sie tun müssen, damit Sie die gewählten ETFs besparen können.

Im ersten Schritt sollten Sie den / die für Sie passenden ETF(s) auswählen (Kapitel 5). Jedes Produkt ist mit einer ISI-Nummer (ISIN) versehen. Diese ISIN müssen Sie kopieren und in Ihrer Order erfassen. Anschließend wird Ihnen genau angezeigt, wo Sie Zahlungs-Rhythmus und Summe einstellen müssen. Der Vorteil am monatlichen Sparen besteht darin, dass Sie direkt nach Ihrem Gehaltseingang, die von Ihnen gewünschte Rate abbuchen lassen können. So verhindern Sie, das Geld für andere Dinge auszugeben.

Tipp #19:
Wenn es einen Einsteiger-Bonus für Neukunden gibt, müssen Sie meist ein paar Online-Formulare ausfüllen. Außerdem sind viele Fußnoten zu beachten, damit Sie diesen Bonus erhalten.
Ein Beispiel:
Sie müssen das Depot mindestens für 1-2 Jahre nutzen, um den Bonus zu nutzen. Aus diesem Grunde lohnt es sich immer, alle Fußnoten vor dem Abschluss genau zu lesen.

Haben Sie all diese Faktoren beachtet, sollten Sie mit dem nötigen Equipment ausgerüstet sein. In der Regel reicht ein Smartphone, Desktop, Laptop oder Tablet aus, damit Sie alle Aufträge abwickeln können.

Ergänzend zu den Informationen, die in diesem Buch dargestellt sind, möchte ich Ihnen zum Sparplan noch ein paar wichtige Fakten mitteilen. Anhand vieler Beispiele haben Sie sich vermutlich schon eine objektive Meinung gebildet, welcher Sparvertrag zu Ihnen passt. Allerdings gilt es stets, die Besteuerung zu betrachten.

Kursgewinne müssen, nach jeweils gültigem Steuerrecht, ebenso besteuert werden wie die Dividenden-Erträge. Im jährlichen Depotauszug finden Sie den steuerpflichtigen Anteil eines ETFs, den Sie in Ihrer Steuererklärung erfassen müssen. Je nach Investition im In- und Ausland kann dieser Betrag unterschiedlich sein. Das, was Ihnen im Depotauszug vermittelt wird, ist verbindlich. Dabei ist es unerheblich, ob Sie die Gewinne wieder anlegen (thesaurierender Fonds) oder ob Sie sich diese auszahlen lassen. Beachten Sie immer, dass Sie als ehrlicher Bürger Ihren Pflichten zum Thema Steuern nachkommen! Im Normalfall erfassen Sie Ihre Erträge unter der Einkunftsart „Einkünfte aus Kapitalvermögen".

Beachten Sie die Abgeltungssteuer in Deutschland! Nicht alle Einnahmen müssen Sie besteuern. Hierzulande gilt ein Sparerfreibetrag pro Jahr von 801 Euro bzw. 1.602 Euro bei Verheirateten. Sind die steuerpflichtigen Erträge höher, wird von der Bank automatisch eine Abgeltungssteuer einbehalten. Damit das nicht passiert, können Sie einen Freistellungsauftrag in den o.a. Summen bei Ihrem Finanzinstitut stellen.

In Österreich erfolgt eine solche Freistellung leider nicht, weshalb der vollständige Steuersatz greift.

7. DAS ABWARTEN und ENTSPAREN

In diesem Ratgeber wird vorwiegend übers monatliche Sparen berichtet. Doch was kaum erwähnt wird, ist die Freizeit, die Sie dadurch ergattern, anstatt ständig die Börsen beobachten zu müssen. Falls Sie jedoch die Chance nutzen wollen, um sich bei günstigen Preisen in größerem Maße einzukaufen, dann gelten all die Fakten auch für die Einmalanlage. Sie können in jeden ETF natürlich einmalig eine Summe von zum Beispiel 10.000 Euro investieren.

DIE EINMALANLAGE

Hierbei sollten Sie bedenken, dass Sie das Risiko tragen, dass der Kurs am Kauftag nicht allzu günstig ist. Deshalb ist es sinnvoll, größere Summen auf mehrere Zahltage aufzuteilen. Diese Technik wiederum empfiehlt Ihnen keine Bank, weil sie nur zusätzlich Arbeit und wenig Mehrwert für den Banker bringt. Dennoch ist es sinnvoll, da Sie deutlich Risiko aus dem Geschäft nehmen. Sie wählen beim Sparen „step by step" schließlich einen Durchschnittskurs, der eben nicht von einem einzigen Tag abhängt.

Sie sehen: Die einmalige Investition ist mit dem regelmäßigen Sparen gut zu kombinieren. Bleiben Sie geduldig und achtsam. Wer auf einen renommierten ETF von guten Emittenten baut, kann auf Dauer kaum falsch liegen.

DEPOT-UMSCHICHTUNG

Viele Banken empfehlen Ihnen, ein Depot alle paar Jahre umzuschichten. Allerdings verdient in diesem Falle oft der Herausgeber oder der Depot-Betreiber. Die Bank selbst also profitiert von den Gebühren, wenn Sie neue Anlagen kaufen oder umschichten. Bitte lassen Sie sich nicht dazu inspirieren, permanent das Depot zu verändern. Beim Online-Depot gilt ein ähnlicher

Grundsatz. Gut bewährte Produkte sollte man zwar hin und wieder überprüfen, sie müssen aber nicht häufig erneuert werden. Es gibt immer wieder Dutzende von neuen ETFs. Sie sollten nicht auf jedes neue Pferd aufspringen, das im „Stall der Finanzanbieter" steht. Trotzdem ist es sinnvoll, sich fit zu halten. Jeder vernünftige Börsianer informiert sich in regelmäßigen Abständen über aktuelle Geschehnisse rund um den Markt. Wenn Ihnen ein neuer Fonds besser gefällt als das Bestandsprodukt, lohnt sich vielleicht eine Umschichtung oder ein Umstieg. Doch nicht jeder „neue Besen kehrt besser als der alte!".

Tipp #20:
Überprüfen Sie mindestens einmal pro Jahr ihr Depot! Genießen Sie Ihr Leben und lassen Sie Ihr Geld für sich arbeiten. Erhöhen Sie Ihre Sparrate und profitieren Sie von Ihrem Erfahrungsschatz.

NOTIZEN

Solide Anleger/innen schreiben sich alles auf, was rund ums Thema Recherchen und Wertpapiere wichtig ist. Auch Sie können sich über Jahre hinweg all Ihre Gedanken und Handlungen rund um die Börse notieren. Von diesen Aufzeichnungen profitieren professionelle Anleger/innen oft ein Leben lang. Was man nur im

Kopf trägt, wird schnell vergessen. Schriftlichkeit schafft Verbindlichkeit. So können Sie zum wahren Profi werden.

DIE ENTSPAR-PHASE

Sie gehen nun langsam auf die Rente zu und denken an Auszahlungen? Vermutlich haben Sie schon viel gearbeitet und gespart. Nun können Sie sich ETFs auch in monatlichen Raten ausbezahlen lassen. So bessern Sie Ihre Rente auf. Zum Beispiel können Sie Ihre Zusatzrente von Ihrem eigenen Vermögen sichern.

Ein Beispiel:
Wollen Sie in Form einer monatlichen Auszahlung von 1.500 Euro pro Monat Ihre Rente aufbessern, müssen Sie wie folgt an die Sache rangehen:

	1.500 € / Monat
entsprechen	12 * 1.500 € / Monat = 18.000 € / Jahr

Das bedeutet, Sie müssen 18.000 € an Zinsen pro Jahr erwirtschaften. Lassen Sie uns von einer durchschnittlichen Wertentwicklung von 6 % p.a. ausgehen.

$$18.000\,€ / Jahr = xxx\,€ * 6\,\%\ p.a.$$

➔ $$xxx\,€ = (18.000\,€ / Jahr) / 6\,\%\ p.a.$$

$$xxx\,€ = (18.000\,€ / Jahr) / 0{,}06\ p.a.$$

$$xxx\,€ = 300.000\,€$$

Das bedeutet Sie bräuchten ein Vermögen von 300.000 € um sich im Durchschnitt eine solche Rente auszahlen zu können. Nun können Sie gerne zurück zu Kapitel 2 gehen und sich die Diagramme noch einmal vor Augen führen. Natürlich ist hier zu sagen, dass Sie im Alter in weniger risikoreiche Assets anlegen sollten, jedoch geht es hier um das Grundverständnis.

Haben Sie das geschafft, hat sich das Sparen für Sie gelohnt und Sie können Ihre Rente getrost genießen. So kann der Rentenalltag zur schönsten Zeit Ihres Lebens werden!

Das Entsparen können Sie in Ihrem Depot ebenso schnell erfassen wie den Sparvertrag. Zusätzlich ist es möglich, eine Versicherung abzuschließen. Damit können Sie sich bis hin zum Tod eine Zusatzrente sichern, indem Sie ihr Depot dagegen eintauschen. Informieren Sie sich genau darüber, welcher Rentenbeitrag Ihnen dabei hilft, im Alter unabhängig zu sein und überlegen Sie welchen Weg Sie gehen wollen.

- Die Altersvorfreude klingt immerhin besser
als die Altersvorsorge. -

Dafür gehört es aber mit dazu, genügend finanzielle Mittel zu haben, um Ihr Leben in vollen Zügen zu genießen!

„Geld erwerben erfordert Klugheit; Geld bewahren erfordert eine gewisse Weisheit, und Geld schön auszugeben ist eine Kunst."

- Zitat von Berthold Auerbach -

DAS FAZIT

Sachwerte, Sachwerte, Sachwerte? Völlig zu Recht predigen viele Banken und Finanzexperten schon seit vielen Jahren, dass in Sachwerten der Schlüssel zum erfolgreichen Anlegen liegt. Sie sehen: Mit ETFs sind Sie genau richtig positioniert. Damit können Sie fast alle Sachwerte kaufen. Des Weiteren sparen Sie sich teure Fondskosten, wenn Sie selbst aktiv werden.

Zugegeben: Von selbst legt sich kein Geld an. Es erfordert Ihren Einsatz und etwas Mühe, sich die richtigen Produkte herauszufiltern. Mithilfe von diversen Webseiten können Sie sich selbst Ihre Meinung bilden. Die Zeit, die Sie mit Recherchen verbringen, ist in jedem Fall ein Mehrwert für Ihr Leben. Sie lernen jede Menge Neues, wenn Sie sich mit Wirtschaft, Finanzen, Unternehmen und aktuellen Fakten beschäftigen. Charts zu deuten kann jeder lernen. Auch dies erweitert Ihren Horizont. Wenn Sie sich mit Freude ans Depotgeschäft heranwagen, ohne in Illusionen zu leben (die wundersame Geldvermehrung in Kürze), dann liegen Sie mit ETFs genau richtig.

WAS IST JETZT WICHTIG?

Sie haben diesen Ratgeber gelesen. Jetzt gilt es, das Buch nicht nur als Nachschlagewerk zu betrachten. Setzen Sie das Wissen jedes einzelnen Kapitels in die Praxis um. Analysieren Sie jetzt die für Sie interessantesten Anlagen. Spielen Sie mit Tools und Webseiten. Entscheiden Sie sich im Anschluss fürs richtige Depot.

Von selbst spart es sich nicht – deshalb sollten Sie bald ins TUN kommen. Es ist wissenschaftlich mehrfach erwiesen: Alles, was Sie nicht innerhalb der nächsten 72 Stunden von der Theorie in die Praxis umsetzen, verpufft. Möchten Sie ein Strohfeuer der Euphorie erleben, das schnell wieder erlischt? Wohl kaum!

Bitte überlegen Sie sich, welche Summe Sie ansparen oder als Einmalanlage verwenden möchten. Zeit ist Geld. Lassen Sie Ihr Geld auf dem Girokonto liegen, frisst die Inflation das Vermögen langsam auf. Treffen Sie Entscheidungen. Formen Sie Ihre Denkweise. Lassen Sie sich durch kleine Fehler nicht entmutigen. Aus Fehlschritten lernen wir alle am meisten im Leben. Schon jetzt wünsche ich Ihnen bei der Umsetzung all Ihrer Ziele und Ideen viel Spaß und Erfolg. Glauben Sie an den Vermögenszuwachs mit ETFs. Schreiben Sie sich sofort alles auf, was wichtig ist. Wer im Anschluss aktiv wird, kann durch seinen Vermögenszuwachs die ein oder andere Freude mehr im Leben empfinden.

Denken Sie daran: 25 € sind auch nur ein Restaurantbesuch oder eben viel mehr.

Auch der Lyriker Johann Wolfgang von Goethe wusste schon:

„Geld ist das zweite Blut.“

Viel Freude bei Ihrer Geldanlage mit ETFs!

SCHLUSSWORT

Nun da Sie alles absorbiert haben und einen enormen Schritt in Richtung finanzielle Freiheit gemacht haben, sollten Sie den nächsten Schritt tun und in die Umsetzung kommen. Holen Sie sich jetzt die praktische und kostenlose To-do-Liste unter dem Link: https://financialknowledge2020.ezpage.com/das-etf-investment-to-do-list oder über die Beschreibung auf Amazon.

Danke für Ihren Kauf und ich hoffe Sie haben sich das Best möglichste mitgenommen! Ich habe jedoch eine kleine Bitte an Sie: Produktrezensionen sind die Grundlage für den Erfolg guter Bücher, weshalb ich Sie bitten würde mir Feedback in Form einer Rezension zu geben. Gehen Sie dafür einfach auf die Amazon-Seite dieses Buches und bewerten Sie das Werk.
Danke und viel Erfolg!

LEGENDE

Asset … Anlageklasse (Rohstoffe, Aktien, …)

Asset Allokation … Verteilung auf unterschiedliche Anlageklassen

Chart … Diagramm, das Kursverlauf einer Aktie gegen Zeit darstellt

Diversifikation … Aufteilung des Vermögens

Emittent … Herausgeber

Emittenten-Risiko … Risiko eines Ausfalls des Handelspartners bei einem SWAP-ETF

emittierend … herausgebend

Fonds … „Topf" in den Sparer Geld legen und der Aktien kauft

Growth-Aktie … Aktie eines wachsenden Unternehmens

Index … Korb, indem sich verschiedene Unternehmensaktien befinden

Indizes … Mehrzahl von Index

Inflation … Wertverlust des Geldes

Investmentfonds … aktiv gemanagter Fonds

Portfolio … der Korb, der ihre Anlagen widerspiegelt

Rendite … Ertrag, den ein angelegtes Kapital bringt

Replikation … Nachbildung eines Bezugswertes (z.B. Index)

Thesaurierend … wieder anlegen

Value-Aktie … Aktie eines wertvollen und kaum wachsenden Untern.

Volatilität … Ausmaß der Schwankung von Kursen

Alle Ratschläge in diesem Buch wurden von den Autoren und vom Verlag sorgfältig erwogen und geprüft. Eine Garantie kann dennoch nicht übernommen werden. Eine Haftung der Autoren und des Verlags für jegliche Personen-, Sach- und Vermögensschäden ist daher ausgeschlossen.

Für Fragen und Anregungen:
E-MAIL-ADRESSE: FINANCIAL2020KNOWLEDGE@gmail.com

1. Auflage
Kontakt: FINANCIAL2020KNOWLEDGE@gmail.com
Covergestaltung: werbequeen.at
Coverfoto: Julydfg, stock.adobe.com
Karikaturen: Christian Strasser

Haftungsausschluss:
Sowohl der Herausgeber als auch der Autor übernimmt keinerlei Haftung für eingegangene Risiken sowie finanzielle Schäden, die beim Depotgeschäft mit ETFs entstehen können. Jeder Leser ist selbst für sein aktives Handel verantwortlich. Es wird keinerlei Gewähr vom Autor für Aktualität, Vollständigkeit oder Qualität der Informationen, die er bereitgestellt hat, übernommen. Jeder Depotinhaber steht selbst in der Pflicht, sich über aktuelle Geschehnisse zu informieren.

Alle Ratschläge in diesem Buch wurden von den Autoren und vom Verlag sorgfältig erwogen und geprüft. Eine Garantie kann dennoch nicht übernommen werden. Eine Haftung der Autoren und des Verlags für jegliche Personen-, Sach- und Vermögensschäden ist daher ausgeschlossen.

DAS ETF INVESTMENT – Für Einsteiger & Fortgeschrittene: Wie Sie erfolgreich investieren & der finanziellen Freiheit drastisch näherkommen durch das Anlegen in Aktien-ETFs & andere Fonds!

Printed in Poland
by Amazon Fulfillment
Poland Sp. z o.o., Wrocław

58831951R00072